サッカーで一番大切な「あたりまえ」のこと

弱くても勝つ！
大分高校
サッカー部

内外出版社

サッカーで一番大切な「あたりまえ」のこと

弱くても勝つ！
大分高校サッカー部

目次

◆Chapter 2

基本 攻撃と守備でプラス1をつくる 33

◆Chapter 3

実戦　敵を知り、己を知ること

◆Chapter 4

判断　見るちから、考えるちから

◆Chapter 5

組織　選手＝素材を最大限に生かす　123

◆Chapter 6

信頼　相手にわかるように 151

あたりまえな言葉の中に道がある

いま書店に行くと、たくさんのサッカー教本が並んでいます。読んでみるととても詳しく、ときに非常にサッカー的で、逆に理解しにくいことがある。素晴らしい内容なのだけれど、自分の現状に比べてギャップを感じてしまう本が多かった。小学校や中学校の指導者が読んで実践するには内容が理想的すぎたり高度すぎたりして、「ウチの選手にそんな練習が出来るかな……」と思ってしまう。その本に書かれたこととはなんだか距離感があったりもする。それはそういうレベルで書かれた本だからです。

この本は、誰が読んでも混乱しにくく、無理な理解力も要求しません。詳しいけれど簡単に理解できる本を目指しました。ハイレベルな指導やトレーニングをするための本ではなく、非常にあたりまえなこと、非常にシンプルで、場合によっては簡単な指導の本だけども、実際にやってみたら伸びがいい。そういうサッカーの技術やスキル、メンタルや戦術的なことを伝えたいと。

だから自分が自分がという指導者は、この本は読まないほうがいいんじゃないかと思います。「なんだこれは、あたりまえのことばかり書いてるじゃないか」と怒りたくなるかもしれない（笑）。

だけどわたしは、その「あたりまえな言葉」の中に、道があると思っています。

そういう本をつくりたいと思いました。

朴 英雄

プロローグ――異色の監督、聖地へ

そのときテレビ画面には、ベンチの脇に膝をつき、両のこぶしでピッチを叩きながら激しくむせび泣く男の姿が映し出された。

「たまたまテレビをつけてあのシーンだけ見た人は、『ああ、大分高校、負けたんやな』って思ったでしょうね」

のちにその話をしたとき、彼はそう言って周囲を笑わせた。

高校サッカーの聖地・国立競技場のテクニカルエリアに立つことは、彼にとって、それほどまでの悲願だった。

2012年1月5日。かつてベスト8で敗退し、「神様が『お前はここまでだ』と言っているのだと思った」と悔しさに悶えた日から、ちょうど十年が経っていた。第90回全国高等学校サッカー選手権大会で、兵庫県代表・市立西宮高校を下し、大分県代表・大分高校がついに県勢初のベスト4進出を勝ち取った、歴史的な日のことだった。

もともと、地元のサッカー界ではよく知られる存在だ。

はじめて人に会うと彼は礼儀正しく丁寧に、でもどこかイタズラっぽく自己紹介する。

「どうも、はじめまして。僕、朴です」

ボク、ボクデス、と言って笑う。彼の名前は朴英雄。母国である韓国式に読めば「パク・ヨンウン」となる。

日本語が実に堪能だ。韓国で通っていた大学で「日本語研究会」の会長を務めていたという。韓国なまりの日本語で勢いよく繰り出すトークはしばしば聞く者の爆笑を誘い、一気にその世界に引き込んでしまう。

サッカーを指導するために海を渡り大分にやってきたのは二十三年前。運命的な出会いはその前年、彼がコーチを務めていた韓国の商業高校のグラウンドで生まれた。

「あの日は確か祝日で僕は休みだったんだけど、ちょうど用事があって出勤していて、偶然そこを通りかかったんですよ。そしたら、大分から遠征にやってきた中学生たちが練習試合をやっていたんです」

試合の合間に、日本人の選手たちにちょっと声をかけた。それはとても些細なアドバイスだった。しかしその様子を見て、チームを引率していた大分市サッカー協会のスタッフは、即座に彼を誘った。

「大分へ遊びに来ませんか。子供たちにサッカーを教えてやってください」

招待されて、十回ほど海を越えただろうか。八回目に来たとき、大分市の中学生の選抜チームの指導を任された。その選抜チームを率いた最初の全国大会で、彼はいきなり優勝の快挙を遂げる。

「なにも知らずにフェリーで大分に帰ってきたら、ものすごい大勢の人たちに出迎えられてね。あっというまにマスコミに取り囲まれた。びっくりした」

その大会に選手として出場していた若き指導者は、笑いながらこう証言する。

「当時はマルチボールシステムじゃなくて、試合球は一個だけ。だから勝ってるときにボールを奪ったら、ピッチの外の出来るだけ遠くに蹴れと言われていた。それで、力任せに蹴り出すでしょ。みんなで丘の向こうまで飛んでったボールを探しにいくわけです。そんなことでどのくらい時間が稼げてたのかわからないけど、先生にはとにかく勝つための手段とか貪欲さといったものを教え込まれました」

それが、来日して間もない韓国人指導者がもたらした、最初のディープ・インパクトだった。

それを超えるトップニュースとして、大分高校の選手権全国大会ベスト4進出は大々的に報じられた。大分高校としては、7年ぶり7回目の全国大会。ここ十年ばかり、大分県代表校はほぼ初戦敗退という不本意な戦績が続いており、今回も当然、期待されずに臨んでいたのだった。

それを裏切るようにチームは、初戦の福井県代表・北陸高校戦で、突如として強烈な存在感を示す。実に40本ものシュートを放ち、10対0で大勝。二桁得失点差での勝利は、大会が首都圏開催となった第55回大会以来初の記録だった。

これで波に乗ると、続く2回戦で埼玉県代表・浦和東、3回戦で青森県代表・青森山田と、名だたる強豪校を次々に倒し準々決勝に進む。九州の片田舎からやって来たノーシード校の快進撃とともに、指揮官の独特のマシンガントークが、まず取材に訪れた報道陣を虜にした。当時の新聞には「異色の監督」「爆笑会見」といった見出しが躍る。元韓国陸軍将校の経歴を持つ珍しさも話題となり、テレビで試合が中継されると、その人気はお茶の間にまで広がった。

だが、彼が注目を集めたのは、その賑やかでキャッチーな話術のせいだけではなかった。並外れた攻撃力を見せつけたチームの戦術が、いわゆる流行のスタイルとは掛け離れていたからでもあった。

いつからかポゼッションこそが至高という価値観にとらわれてしまっていた当時の日本サッカー界で、ボールを奪った瞬間に手数をかけずゴールを目指す大分高校の戦法は、いわゆる「縦ポンサッカー」と揶揄《やゆ》されたのだ。

ポゼッションスタイルを標榜する優勝候補を倒した無名のチームの指揮官は、詰めかけた報道陣から「こんなサッカーで勝って……」と言わんばかりの質問責めに遭った。

「ずいぶんロングボールを放り込んでいましたね」

「このような勝利至上主義のサッカーでは、選手が成長しないのではないですか？」

青森山田戦のあとに投げかけられた質問に、彼は噛みついた。

「わたしは大きい丼ではなく、お茶碗くらいの存在です。でもそのお茶碗は、いいものを入れるお茶碗でなくてはならないと思っています。どうかわたしたちのサッカーを非難しないでください。選手と指導者が理解しあってこんなに頑張ってるんです。勝ってるじゃないですか」

この「いいもの」という言葉の意味が世間で理解されはじめるのは、もうすこし先のことになる。

パスの長さやポゼッション率といった基準でのみ価値を計る者にとっては、この年の大分高校のサッカーは「縦ポンサッカー」に過ぎなかったかもしれない。だが、細やかに見れば、それは昔ながらの「キック・アンド・ラッシュ」とはまったく異なるものだった。

ポゼッション率は高くない。レンジの長いパスも多い。それでも、そのスムーズでスピーディーに連動する攻守は決して「蹴って、走る」的な行き当たりばったりのサッカーではなく、細やかな規律の下に徹底された組織的戦術に基づいている。

いつごろからか、グアルディオラの率いたFCバルセロナのサッカーがポゼッションサッカーの象徴のようにまつりあげられた時期があり、ポゼッション率の低いスタイルは「バルサ的でないもの」として蔑《さげす》まれる風潮が生まれていた。だが、皮肉なことにこの大分高校の、高い位置からプレッシャーをかけてボールを奪うと素早く攻撃に切り替え、流動的ながら布陣のバランスを崩さずにゴールに迫るやりかたは、切口を変えて見れば、むしろバルセロナ的だったとも言える。無理にポゼッションするためにボールの周囲に密集するのではなく、プレーヤーがポジションを入れ替わっても陣形を崩さないスマートさを、指揮官はチームに求めていたのだ。

「ウチは強豪校のように、力量の高いスター選手がいるわけじゃない。だから、そんな相手を倒すためには、それなりの策を練らなきゃならない。それがこのサッカーです。でもこれは簡単なことじゃない」

あれから5年。

そのあいだに世界では、グアルディオラがバルセロナを離れバイエルンで指揮を執るようになり、志向されるスタイルの流行がスペインからドイツへと移っていった。

2014年ブラジルW杯でポゼッションスタイルのチームが次々に堅守速攻のチームに敗れたことで、日本でもようやく、ガチガチだった価値観に風穴が空きはじめた。

「技術っていうのはポゼッション能力のことじゃない。強い相手を倒すのが技術なんです」

あのころ大分高校のサッカーを揶揄した者たちも、いまなら彼の言葉をまっすぐに受け取ることが出来るのではないだろうか。

スタイルを貫くすがすがしい戦いかたで全国ベスト4という結果を出したことが、凝り固まっていたポゼッション志向に痛烈な一石を投じた。これからは大分高校のカウンターも市民権を得て、堂々とその戦績にともなう評価を勝ち得てゆく。

……はずだった。

ところが2015年、4年ぶりに全国大会へと勝ち上がってきた大分高校は、またしても観る者を完璧に裏切ってみせる。4年前と同じ4―3―3のフォーメーションながら、かつて一世を風靡した鋭いカウンターは影をひそめ、なんとポゼッションスタイルのチームに変貌していたのだ。

残念ながらこの第94回大会では、それぞれがコンゴ民主共和国出身の父を持つディフェンダー・星キョーワァンとストライカー・森本ヒマンを両ゴール前に配置し、力強く戦ってくる栃木県代表・矢板中央高校に逆転負けを喫して初戦で姿を消すことになったが、めまぐるしいポジションチェンジによるきめ細やかなボール回しで相手の守備網を崩してゆく新しい大分高校のサッカーは、前回とはまた違った魅力にあふれて美しかった。

思えば大分高校のサッカースタイルは、これまでも決して固定されていたわけではない。全国大会ベスト8にまで勝ち進んだ第80回選手権大会では、3―3―3―1のアグレッシブな攻撃サッカーを展開してみせた。

指揮官は言う。

「ウチは名前が大分高校だからよく公立高校だと勘違いされるけど、私立なんですよね。大分ではポテンシャルの高い選手はみんな公立高校に行ってしまう。ウチに来てくれるのは、言いかたは悪いけど、２番手の選手が多い。対戦相手のほうが戦力的に言えばランクは上です。でも組織で戦えば、ウチのほうが強くなれる。そのために僕は頭を悩ませるんです。これは海老で鯛を釣るなんてもんじゃない。麦で鯛を釣るってなもんですよ。そう考えたら鯛よりも、それを釣り上げる麦のほうがすごいんじゃない？」

麦呼ばわりされながら選手たちはうれしそうに笑っている。

それだけ戦術の引き出しの多い指導者なのだ。彼の仕事を支えているのは、マシンガントークで人を魅了する力だけではない。

学校の昼休みには、車の運転席でｉＰａｄを手に、ずっと情報をチェックしていると話していた。自分たちの試合から世界の最先端の戦術まで、さまざまな映像を分析したり、作戦盤をいじったりしているという。

彼の下で戦った選手たちは口々に言う。

「遠征先の宿舎で、朝いつも目を真っ赤にしていた。ほとんど寝ずに相手のスカウティングをして、勝つための策を考えていたようだった」

試合や練習を見に行って、采配やトレーニングメニューの意図について質問を投げかけると、いつものように戦術についての講義がはじまる。その情報量は膨大で、内容は多岐にわたり、ときには哲学や数学の領域にまで踏み込む深みとひろがりをもって、とどまるところを知らない。それでいてとてもわかりやすく、飽きることなく聞き入らせてしまう。


そんな彼とのサッカー談義を、一冊にまとめてみたいと思った。ひとつの質問に答えるところから、いくつにも増殖してゆく起点を転々としながら、宇宙のようにひろがってゆく対話を体系づけてまとめることは決してたやすいことではない。それでもそれを敢行することで、サッカー界になんらかの刺激をもたらすことが出来るのではないか。

それは並みならぬ情熱を問われる仕事だが、彼が発する言葉の持つ力を借りれば、不可能ではないように思われた。
本書では、第90回と第94回の二度の選手権での大分高校の戦いを振り返り、朴英雄の哲学がどのようにピッチに落とし込まれていったかをひもといてみたい。彼ならではのバラエティー豊かな表現も、あわせてお楽しみいただければ幸いです。

ひぐらしひなつ

Chapter 1　戦 術

いまある戦力で
最も効率良く勝つ方法

勝利へのプロセスはひとつじゃない

――2011年は全国ベスト4という結果を出したにも関わらず、「放り込みサッカー」と揶揄されたりもしましたね。

本当にあちこちで言われましたね(苦笑)。「簡単に縦ポンしてる」って。でも、「簡単」と「シンプル」は違う。簡単というのはワンパターンですが、シンプルというのは大きなリスクを負わず上手に立ち回ることです。

あの年のチームの選手たちは、一瞬の間にいろんな作業をして相手から素早くボールを奪い、相手が守備陣形を立て直す前に一気に攻めるという戦術を採っていた。これは簡単なことではありません。技術って何だと思います？　ポゼッションする能力のことじゃない。強い相手を倒せるのが技術なんです。

――確かに、ひと昔前の「キック・アンド・ラッシュ」とは違っていました。

蹴ってから走るという行き当たりばったりのサッカーじゃなく、頭を使うサッカーです。力量の高い強豪校に勝つために、効率良く戦う戦術を組み立てました。まずボールを奪ったら、リレーのバトンを渡すように流動的に入れ替わりながら素早く攻める。これはバトンを落としたら終わりですよ。でも選手たちはミスも少なく、足の速さを生かして攻撃してくれました。

――フィジカルさえ鍛えていればいいというサッカーではない。

大分高校は試合後半までバテないとよく言われましたが、それは最初から無理して飛ばさなかったからというだけですよ。前半は失点しないようにしながらグラウンドや会場の雰囲気に頭を馴染ませる。そして後半に仕掛ける作戦だったんです。むしろ、いかに無駄に走らずに勝つかを考えさせた。だから選手たちは練習でも「体より頭が疲れる」

と言ってましたね。

――サッカーは頭を使うスポーツですからね。

そうです。ヘッドコーチの「ヘッド」はいちばん上の地位を表す意味もあるけど、「頭」という意味もあると僕は思っています。頭と言っても「頭蓋骨《ずがいこつ》」ではなく「ブレイン」のほうね。

――その後、世界でも、個の力量が高く圧倒的にボールを保持できるチームが、下馬評では弱者だと言われていたチームのショートカウンターに苦戦する試合が多くありました。2014年ブラジルW杯でスペインがチリに敗れたり、UEFAチャンピオンズリーグではバルセロナがアトレティコ・マドリーに屈したり。まさに2011年の大分高校のようでしたね（笑）。

独自のサッカー観と指導理念で選手の能力を最大限に引き出す朴英雄監督

あれは話題になりましたね。みなさん「弱者」が「強者」を倒す物語が好きですから(笑)。なにか痛快な感じがするんでしょうね。2011年にウチのチームが注目されたのも、ノーシードの高校が、優勝候補だと思われていた名門の強豪校を倒したからですもんね。

――「弱者が強者を倒すのが快感」なんて言いながら「ポゼッションサッカーこそ至高」とも言いますからね。2011年のチームに対する揶揄の根底からして凝り固まっているわけで。

ボクシングで言うなら、モハメド・アリはジャブでポイントを稼ぐ。一方で、ジョージ・フォアマンやマイク・タイソンは相手の隙を突いて一撃で倒すでしょう。

つまり、勝利へのプロセスはひとつじゃない。速いサッカーや相手の隙を狙うサッカーが非難される筋合いはないんです。好みの違いだってあります。汚いプレーはダメだけど、スポーツは結果が大事なんですから。

効率良く勝つためのスタイルを模索

――一転、4年ぶりに出場した2015年の選手権全国大会では、2011年のチームとは打って変わった、きめ細やかなパスサッカーを披露しましたね。

別に2011年に「縦ポンサッカー」とからかわれたからじゃないですよ（笑）。自分が「じゃあ今度はパスサッカーをやってみようか」という気になったからでもない。その年の選手たちの特徴に合わせてチームコンセプトを変えているだけです。

２０１１年のチームには、縦に速いサッカー、相手の背後をいかに早く取るかというサッカーを体現できる選手がいた。そういう狙いに適応する技術、頭脳、身体のスキルが、彼らにはあったんです。得意なことは限られているけれど、その得意なことに応じて役割分担して、「ここはボールを持ってほしい」「ここはこじあけて早く前線に行ってほしい」「ここはクサビを受けて起点になってほしい」という要所要所に、それぞれそういう役割をこなせる選手を置けた。センターバックの一枚には高さがあって前で相手を潰せるタイプと、その隣には素早いカバーリングが出来る選手を。サイドバックはそれほど積極的に上がらないけど安全にバックアップできる選手を。そういった具合に「すべてが出来るわけではないけどこれだけは得意」という選手構成でやっていたんです。

——なるほど。では、２０１５年の選手たちは。

２０１１年の選手たちに比べると、体の大きさや線の太さ、身体スキルの高さにおいてはちょっと見劣りする。だけどインテリジェンス、つまり学習能力は高いという選手

が結構多くて、足元もそこそこ上手い。短い距離ならボールもつなげる。でも距離が離れていくと、どうしても身体スキルや技術の問題でミスが多くなって、組み立てが難しくなってしまう。

じゃあどうすればいいかと思って考えたのが、真ん中に人を集めてパスコースをたくさん作り、ボールホルダーに対して前もってパスの選択肢を複数準備できるような、リンクされたプレーをつないでいこうと。

2011年の選手たちは長距離や中距離をインターバルで走る能力があったんですが、2015年の選手たちにはそれはちょっと厳しい。彼らのように線が太くなく身体スキル

スタイルの違いにより基本の立ち位置を変える

フォーメーションは同じ 4-3-3 だが、セットする立ち位置が違う

■ 2011 年 (右ページ)

際立って技術が高いわけではないが身体能力に恵まれた選手が多かった 2011 年は、スピード自慢の佐保昂兵衛や梶谷充斗の特長を生かして素早く相手の背後を突くショートカウンターを武器にした。

中盤と前線がワイドに開き、幅を使った立ち位置を取って、ボールを奪ったと同時に前線が走り出し、アンカーの上野尊光からダイナミックに展開して攻めた。攻撃は主に中盤から前の選手が担当し、最終ラインはロングフィードで攻撃参加した。

■ 2015 年 (左ページ)

一方、フィジカル面では見劣りするが足元の技術に長け高いインテリジェンスを誇る佐藤碧や永松涼介らを擁した 2015 年は、細かくパスをつないで崩すポゼッションスタイルを志向。

中央に絞った立ち位置を取って選手間の距離を縮め、パスコースを多く作ってボールを支配しながらゴールへと迫った。攻撃時にはサイドバックも高い位置を取り、積極的にボール回しに加担した。

の高くない選手たちは、短い距離をこまめに動かす。面倒くさがらずに絶えず動き続け、近距離でボールを動かすポゼッションスタイルでプレーすることによって、彼らの長所を生かすことが出来たんです。結果的に負うリスクも少なくなりました。

こんなふうに、手元の戦力でいちばん効率良く勝つにはどういうサッカーをすればいいかということを、いつも模索しているんです。

Chapter 2　基本

攻撃と守備で
プラス１をつくる

オフ・ザ・ボールがカギになる「フリーマンサッカー」

——大分高校は2011年から、そのスタイルを「フリーマンサッカー」と名乗っていましたね。特長はいろいろあると思いますが、まずは「フリーマン」について教えてください。

簡単に言うと、「フリーマン」は直接ボールに関わっていない選手のことです。それは特定の人物ではなく、試合の流れの中で味方と相手の動きによって自然に生まれてくる。いわゆる「オフ・ザ・ボール」の状態になった選手のことで、その選手が効果的な役割を果たすのが「フリーマンサッカー」です。

フリーマンが関わることで、攻撃でも守備でも、相手より多い状態、つまり数的優位な状況をつくることが出来ます。

攻撃では、バリエーションを増やせる。守備では、リスクマネジメント。攻めるときも守るときも、オフ・ザ・ボールの選手を関わらせることで自分たちに有利な状況をつ

大分高校の掲げる「フリーマンサッカー」とは？

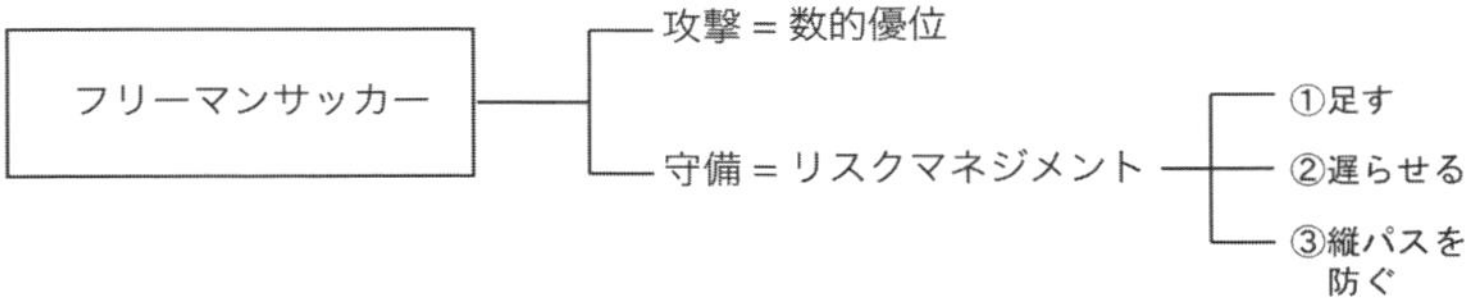

くる。つねにその意識を持ち続けるサッカーのことを、わかりやすく「フリーマンサッカー」と名付けていました。

――攻撃のバリエーションの増やし方というのは。

最もわかりやすいのは、プラスする動きですね。フリーマンが関わることによってパスの選択肢を増やします。パスには出し手と受け手の2人がいる。そこに3人目の選手が加わると、パスコースが増えるでしょう。だから、トライアングルをつくったりオーバーラップしたりといった動きで3人目として関わるんです。

逆に、マイナスの動きで効果を上げることもあります。

――数的優位をつくりたいのに、マイナスに動くんですか。

数的優位というのは球際だけの問題ではないですからね。ピッチ全体で、状況に関わっている選手の数が多いということですから。ボールとは逆サイドにいたって、その選手がそこにいることが効果的ならば、数的優位なんじゃないですか。

サッカーではよく「サポートする」って言いますよね。あの言葉が誤解を生んでいるんじゃないかと、僕は思うんですよ。

「サポート」という言葉は誤解されている

――サポートって、協力することですよね。ボールホルダーの近くに行ってパスコースを増やすとか。

もちろんそれもあります。だけど、近くに行くことだけがサポートの動きじゃないんです。なのに「サポートしろ」と言われると、みんなボールの近くに群がってしまう。そうすると、狭いエリアに人がたくさんいすぎて渋滞が発生します。渋滞の向こうには広々とした道があってスイスイ車が走れるのに、そっちは見もしないで、球際ばかり一所懸命に競いあっている。

でも実は、ボールホルダーから離れた場所でも、味方をサポートすることは出来るんです。広々とした道に立って渋滞から抜け出したボールを受ければ、早くゴールに迫ることが出来るでしょう？

——ああ、だから「マイナスの動き」なんですね。

そのとおり。プルアウェイとも言いますよね。ボールから遠ざかることによって、布陣に奥行きや幅を生みバランスを保つ。自由に動ける場所でポストをつくることにより、新しい局面を生むことが出来るんです。これだって立派な「サポート」じゃないですか。

入れ替わり立ち替わりを繰り返して自由になる

——そうやってスペースを使うということですよね。

そう。そしてフリーマンは、そういうスペースを生み出す働きもします。ボールに直接関わっていないところでも、効果的に移動することにより、相手を引きつけながら人のいない場所をつくることが出来る。そうすると、今度は味方の誰かが、相手にマークされない状態でそこを使えるでしょう。

たとえば、Aがボールを持っているとする。味方は前方にBとCの2人いるけれど、敵は3人でボールを奪いに来ている。このままボールを前に送っても、相手のほうが数的優位だから取られてしまう可能性が高い。

そこで、BがボールをもらいにAに近づきます。Bをマークしていた相手がそれについてくると、そこにスペースが生まれますよね。それと同時にそのスペースにCが走り込む。

走り込んだCをマークするために、余っていたもう一人の敵が引きつけられると、今度はそこに新しいスペースが生まれる。同時に今度はAがそこに走り込む。

この入れ替わり立ち替わりをタイミングよく間髪入れずに繰り返すことで、必ず相手のマークは剥《は》がれます。すると新たな局面では、こちらが数的優位に立てるんです。

スペースをつくり、そこを使って攻める

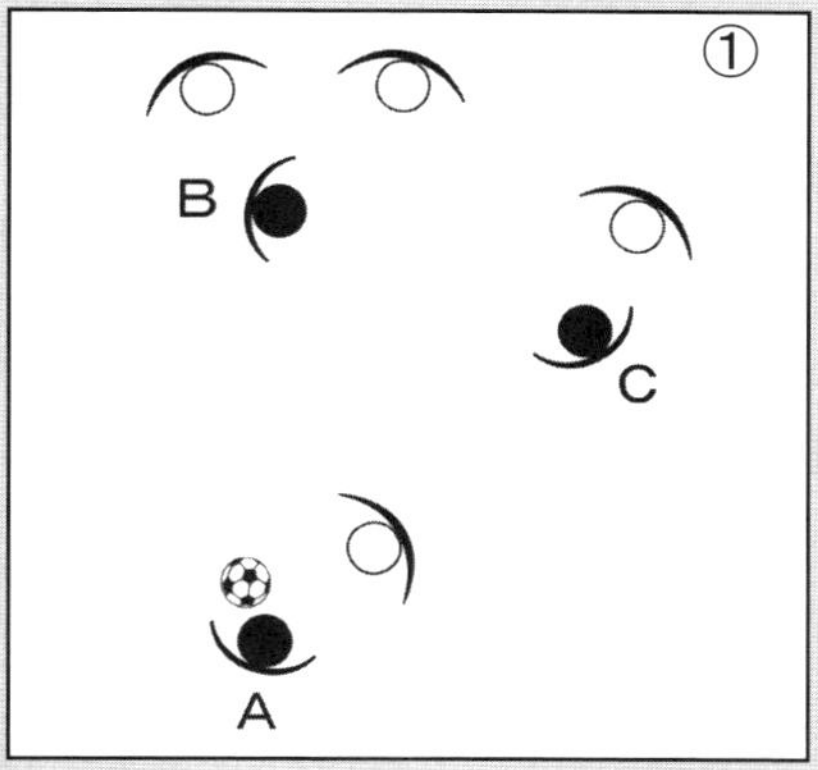

① A がボールを持ったとき、B と C が前方にいるが、この局面では相手のほうが多い。このまま足元にパスを出してもボールを失ってしまう可能性が高そうだ。

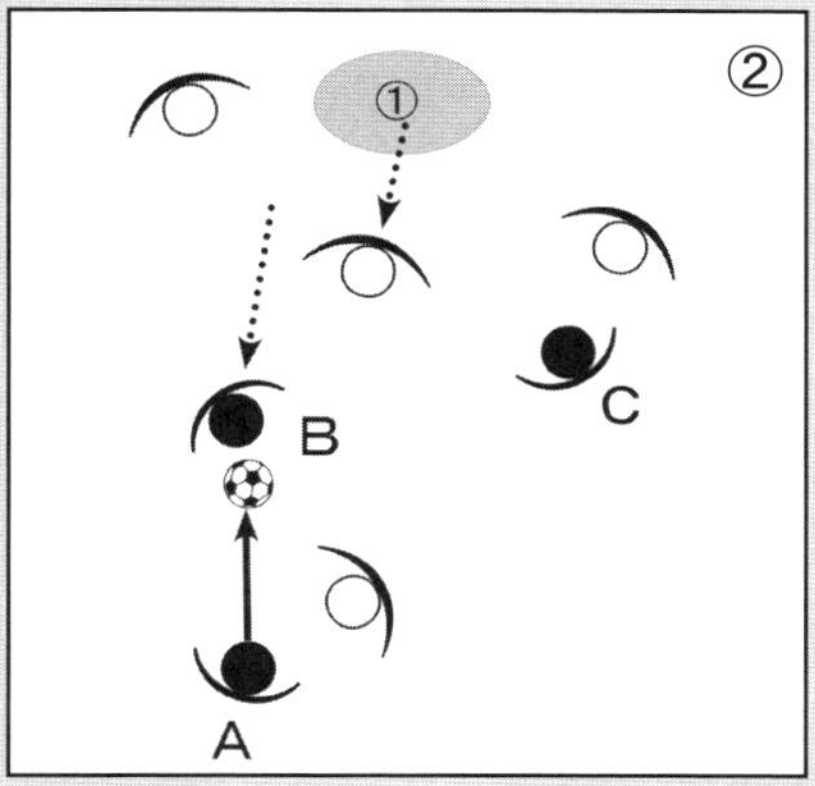

② B がボールを受けに下がると、B をマークしていた相手がそれについてくる。これによりスペース①が生まれる。

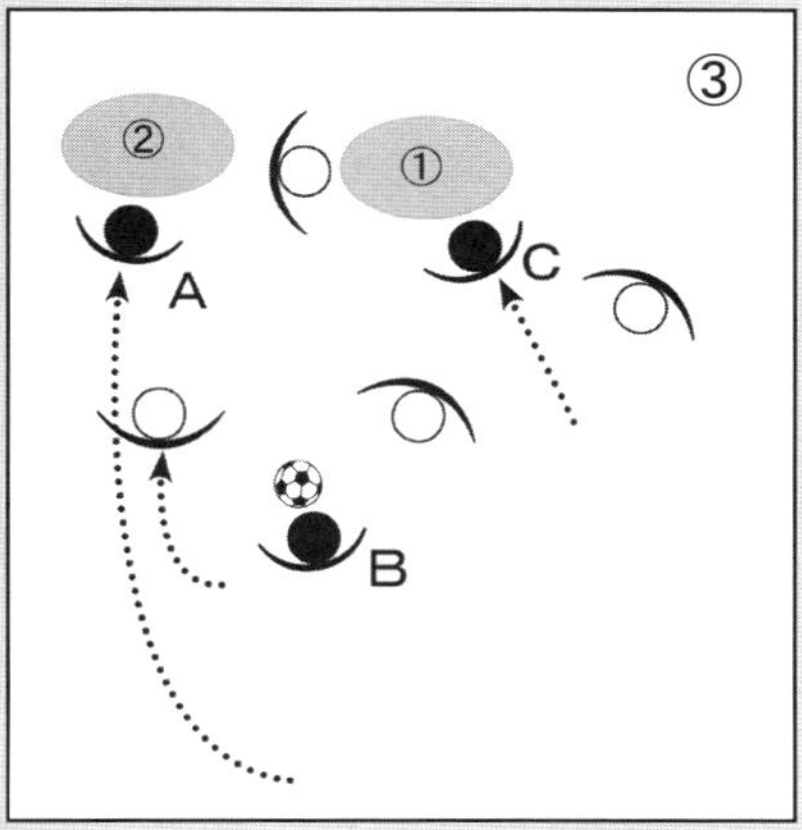

③ C がスペース①に走ると、もう 1 枚の相手が食いついてくることでスペース②が生まれた。そこへ A が走り込む。
B はマークされている相手の向きや立ち位置と周囲の状況から判断し、C か A にパスを出す。

――まさに流動的ですね。

スペースをつくるために動いて均衡を崩す。そのときには、本来のポジションを捨ててチャレンジすることが必要です。そうすると、ノーマーク状態になれるチャンスも多くなりますからね。

守備時には相手にスペースを与えない

――攻撃のときスペースを使うということは、逆に守備のときには相手にスペースを与えないようにするのが大事、ということですよね。

そうです。でも、ウチが採用しているようなアンカーを置いたシステムには、その両脇のスペースを相手に使われやすいというウィークポイントがあります。

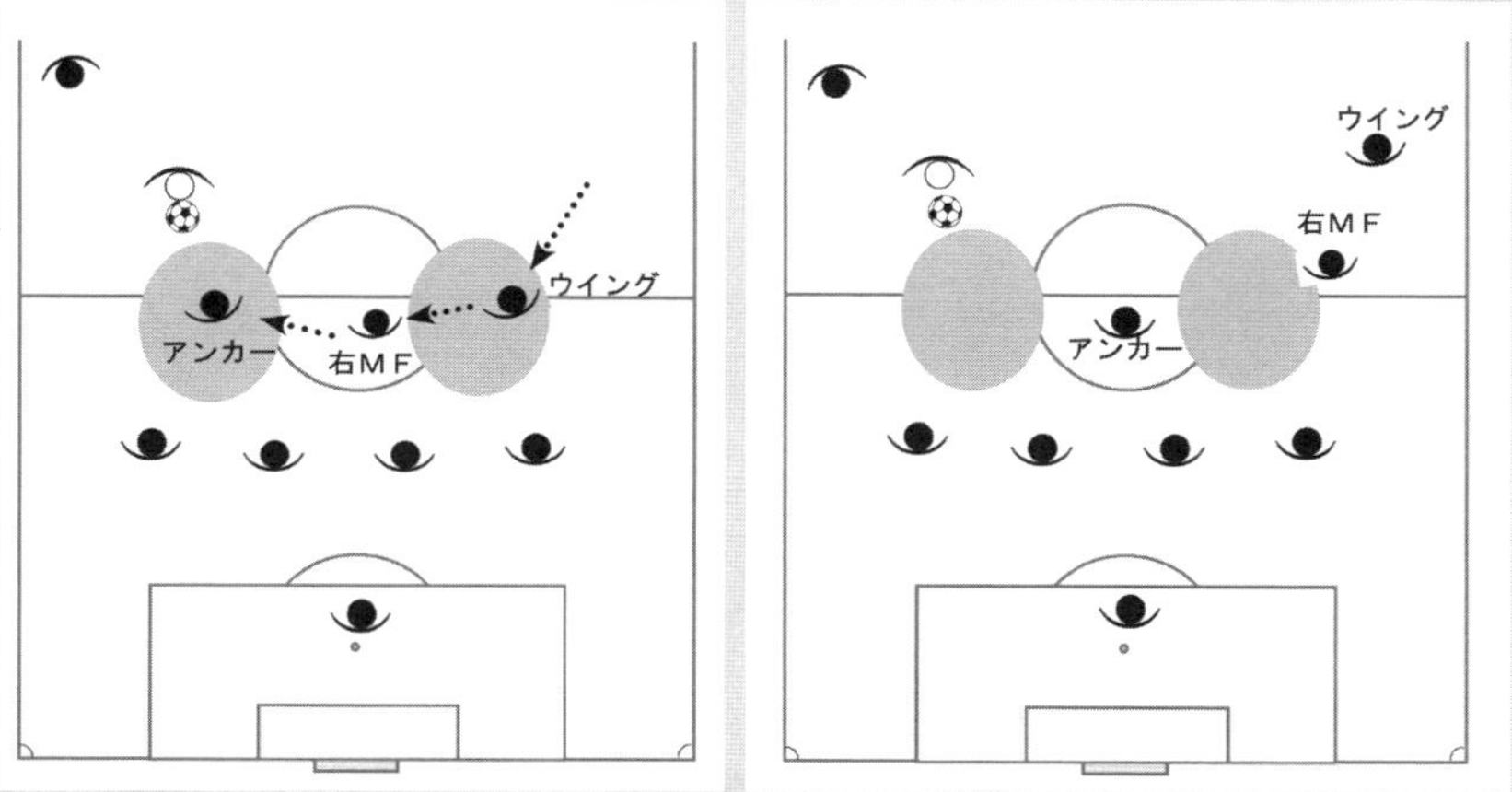

大分高校が採用している4-3-3のようにアンカーを置くシステムでは、相手にアンカーの横の広大なスペースを使って攻められやすいというリスクがある。このスペースを埋める対策はいくつか考えられるが、大分高校では、MFが中に絞る戦術を取った。
相手が向かって左サイドでボールを持ったとき、アンカーがボールサイドにスライドしてスペースを埋め、右MFが中に絞り、スペースを埋める。ボールサイドの右MFが絞ったことで生まれたサイドのスペースは、同サイドのウイングが埋める。それぞれがスライドすることで選手間の距離を保ちつつスペースをケアしていく。

そのスペースの埋めかたにはいくつか方法がありますが、ウチがやっているのは中盤のサイドに絞らせるというやりかたです。

たとえば相手が右サイド、ウチの左サイドでボールを持ったとする。そうするとアンカーは左にスライドして、ワイドに開いていたウチの右ミッドフィルダーが中に絞り、右ウイングが下がってスペースをケアしていく。

スライドしながら選手同士の距離を一定に保ち、相手に自由にやらせるスペースを与えないようにケアするんです。

――では守備のリスクマネジメントというのは。

リスクマネジメントには3つの要素があって、1つ目は「足す」。数的優位になれるポジションを取るということ。球際に寄せるだけでなく、味方が空けてしまったスペースを埋めて、ゲームを支配できる基盤をつくります。

2つ目は「遅らせる」。奪いに行くのではなく、圧迫することによって相手をスムーズに前進させないようにしておいて、味方が戻ってくるのを待ちます。

3つ目は「縦パスを防ぐ」。インターセプトしたり、パスコースを切ったりして、相手のキラーパスやクサビを事前に阻止するという働きです。

守備のときには、チームのなかでつねに誰かがフリーでいる状態を維持することが大事です。味方と相手の状況を見ながら、たとえば人につくのかボールに行くのかコースを切るのかスペースを埋めるのか、奪うのか遅らせるのか、といった選択で味方をサポートします。

「いつ」「どこに」「どうする」を迷いなく

――そういった狙いをピッチで遂行するときに、選手たちがいちばん意識しておかなくてはならないのは何でしょうか。

やはりポジショニングですね。選手は全員が100メートルを9秒で走れるわけではなく、13秒や14秒かかる者もいます。足の速い選手なら少しくらいの遅れは取り戻せますが、そうではない選手たちが追いつくためには、前もって的確なポジションを取っておくことが必要なんです。

そのために、洞察力が必要になります。いま試合はどういう状況のどういう流れで、自分たちはどうすればいいのか。味方はどこにいて、敵はどこにいて、どこが数的優位でどこが不利か。突けるスペースはどこにあるか。逆に埋めなくてはならないのはどこか。

そういった情報を視覚から意識的に得て瞬時に判断するスキルを上げることが、「フリーマンサッカー」では特に大事です。ボールが動いているあいだに相手との関係を読んで動くことなんかが。

――どこを攻めれば効果的か、逆にどこを守れば効率的かという判断ですね。

それを選手たちにわかりやすく伝えるには、たとえば攻撃するとき、相手のユニフォームの色がいちばん多いところといちばん少ないところを見なさいと。そこがいちばん守っているところと守っていないところに近いかもしれないから。すべてがそうだとは限らないけど。

全体に均等にユニフォームがいるときは、相手も隙なく守っているとき。だからその状況を崩さなくてはならない。例えば左側から攻めて、相手をボールサイドに集め、右サイドに相手ユニフォームが少なくなった状態をつくってから、サイドチェンジするといった具合にね。

現代サッカーはボールサイドにより強い圧迫をかけるので、そこで生き残るのはとても難しい。さまざまなフォーメーションを対峙させても、ほぼマッチアップで潰れている状態だから、逆サイドのウイングおよびサイドバック以外はほとんどフリーになっていないんです。逆に言えば、そこに出せば相手の圧迫のかかっていない状態でボールを持つことが出来るんですね。

そうするともうひとつ効果があって、サイドに展開するということは幅を使うということ。

選手たちの視野では、相手は基本的に前から来るんです。ゴールに向かうのは縦の動きだから。そこに幅を使うと、横方向の動きがプラスされる。ディフェンスにとって縦の動きは前を向いているからあまり死角がないんだけど、幅を使って相手に横に動かれると、自分の背後はデッドスペースになってしまうんですね。

逆に攻撃側からしてみたら、ボールをサイドに出せば、複数の選手がゴールに向かって走りやすい。相手の選手がボールを追ってサイドに流れることで、前を向いて走れるスペースが見えやすいから。だからボールをサイドに展開して、相手ディフェンスがそ

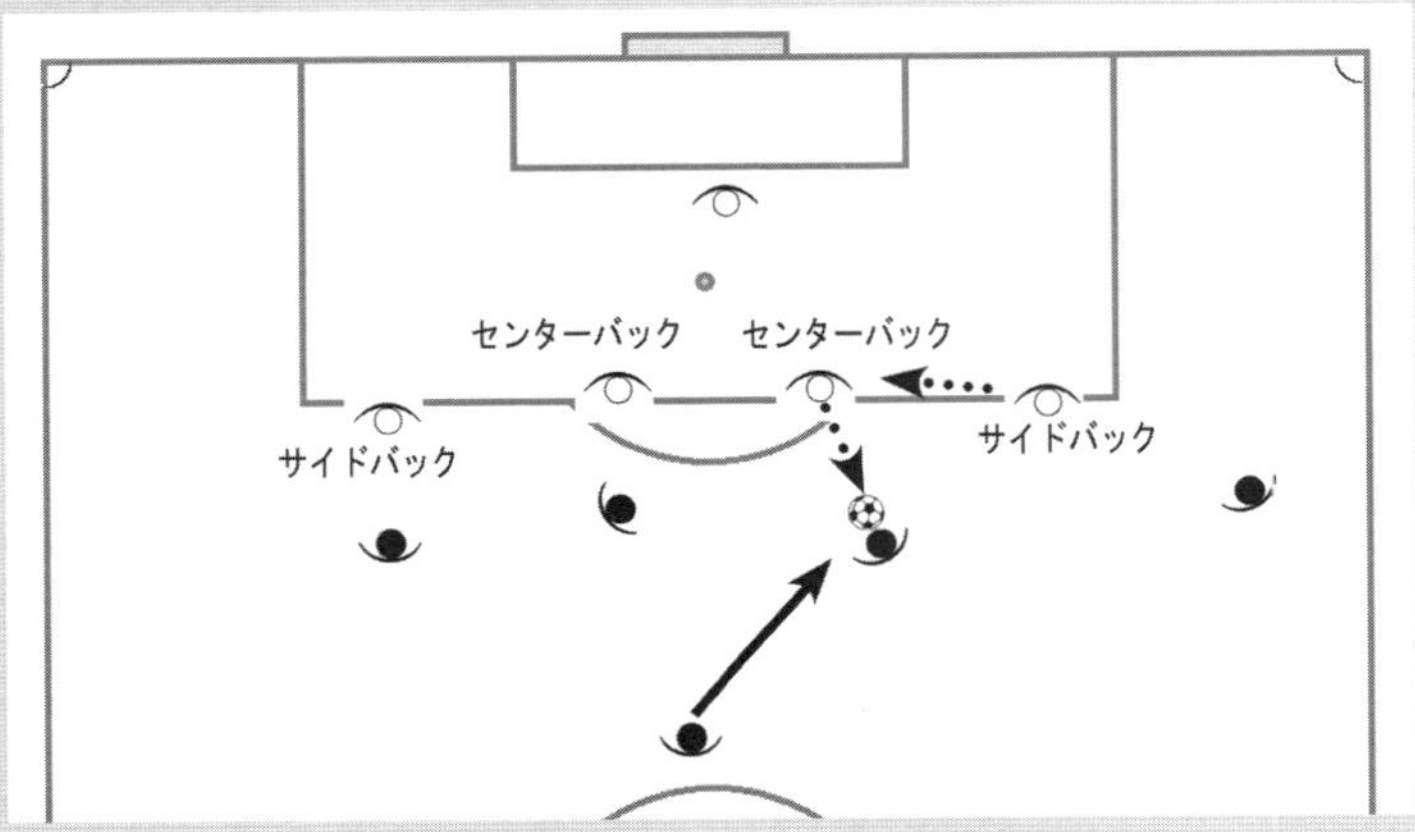

中央からの攻撃は守備側にとっては、パスの出し手と受け手を同じ視野に収めやすい。センターバックが寄せても、その背後のスペースはサイドバックが絞ってケアするので、背後の死角が生まれにくい。

ちらを向いたところで、その背後に上手く飛び込む。相手の死角をつくってそこを突くんです。相手にとってどこが死角になっているかもわかりやすい。

真ん中から攻めると相手センターバックが寄せてきても、サイドバックが絞って背後をカバーするから、なかなか背後の死角が生まれない。それでサイド攻撃が有効だということになるんです。サッカーにおける得点の7割はサイド攻撃からなんですよ。

このサイド攻撃にも判断が必要で、相手のラインが高いときは、低い位置からクロスを入れて背後に抜けてゴールを狙う。相手がラインを下げていたら、なるべく深く

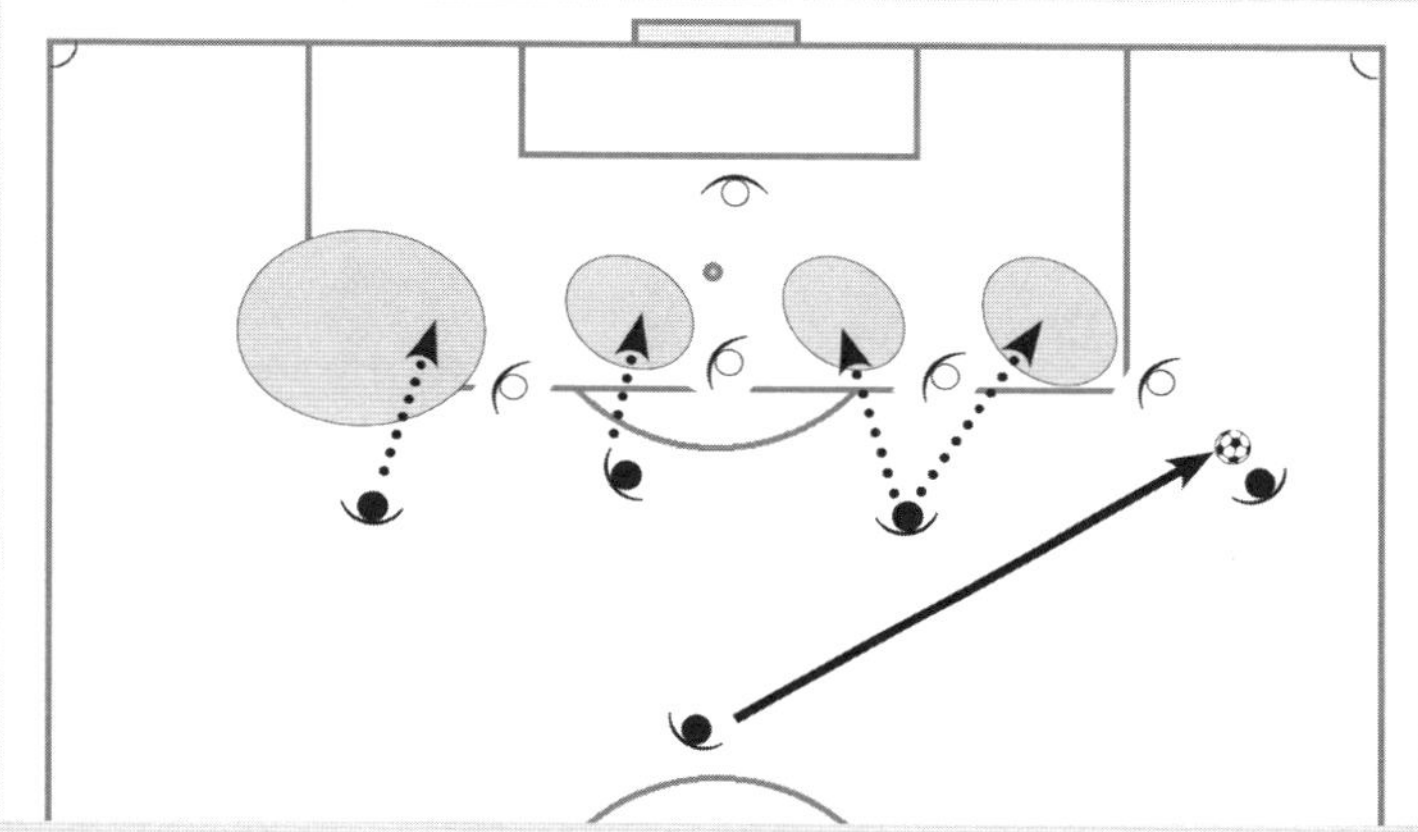

サイドに展開することで、守備側の視線をサイドに向けさせる。また守備位置をボールサイドに寄せるため、ＤＦの背後に死角（デッドスペース）ができる。ボールの逆サイドには大きな死角ができる。

まで持ち上がってからクロスを入れたほうがいい。何故だかわかりますか。

——死角が増えるからですね。

そうです。低い位置からクロスを入れるとディフェンス側はみんな前を向いて対応できるから死角が出来にくい。だからもうちょっと前に持ち上がって、ゴールラインぎりぎりから入れたほうが、ディフェンスの選手の死角が生まれやすい。セオリーとして「攻めるときは相手の前でプレーせず、守るときは相手を前でプレーさせろ」と、よく言われるでしょう。

ただ、高い位置からのセンタリングには、また難しさも出てきます。相手の最終ラインとゴールキーパーの間にスペースがないから、飛び込む味方にドンピシャに合わせないと、ダイレクトには得点につながらないですからね。

そういうふうに相手の状態を見て判断して、迷いなくプレーを選択できるようになることが大事なんです。スペースがあるからと言って、とにかくドリブルで突っ込んでからクロスを上げて、それで結果的に点が取れてしまうこともあって、もちろんそれもありなんだけど。でも、やっぱり確率から言うとそういうのは低いですよね。

サッカーにはパーセンテージの暗黙のルールがある。ここを突けば点を取れる確率が高いといったことを、良い選手はわかっているんですね。どこにボールを運べばどのくらいの確率で自分たちのボール保持率が高まるか。そこからどう運べば局面を打開する確率が高くなるか。パーセンテージが低いと判断したところは選択肢から消す。つまりそれが、相手に守られているところと守られていないところの話なんです。守られているところでは確率が低く、守られていないところでは確率がうんと高い。確率の高いところを見つけて、迷わずそこを突いていけと。

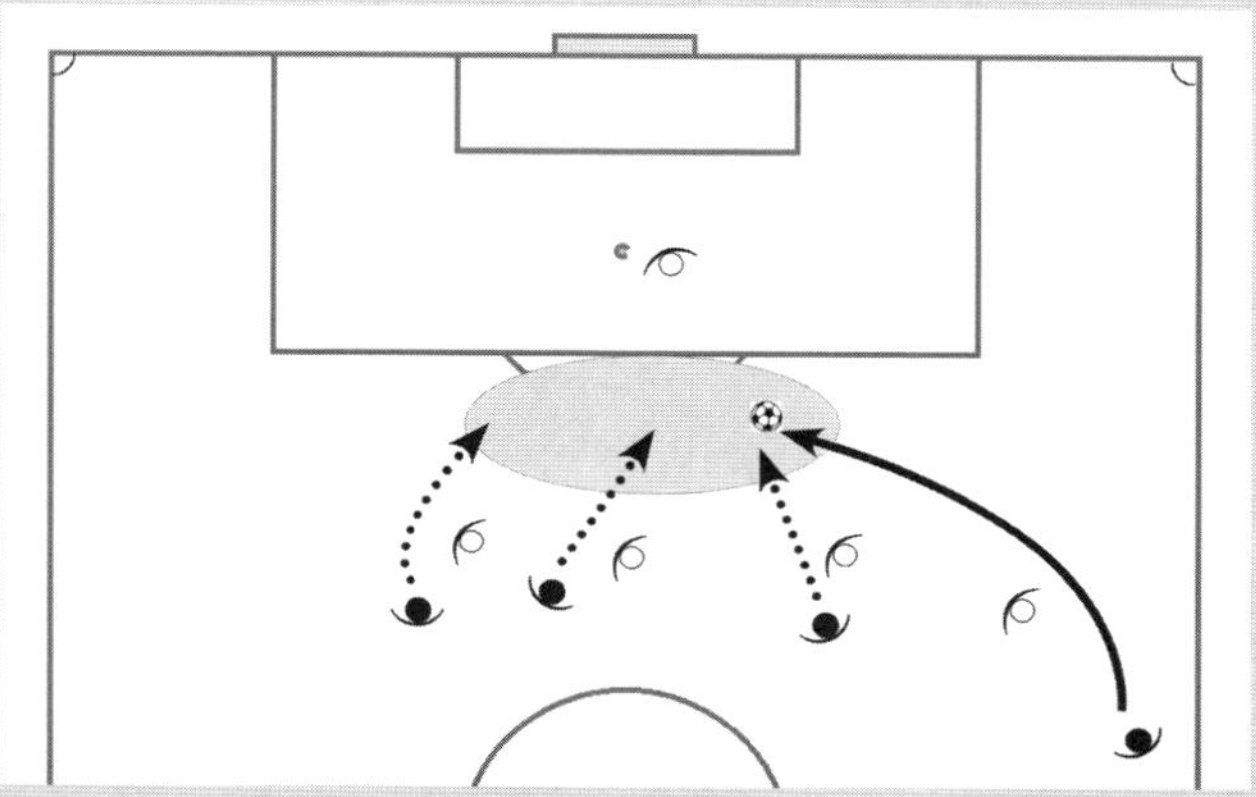

ディフェンスラインが高い時は、低い位置からクロスを入れて、背後の死角・スペースを狙う。

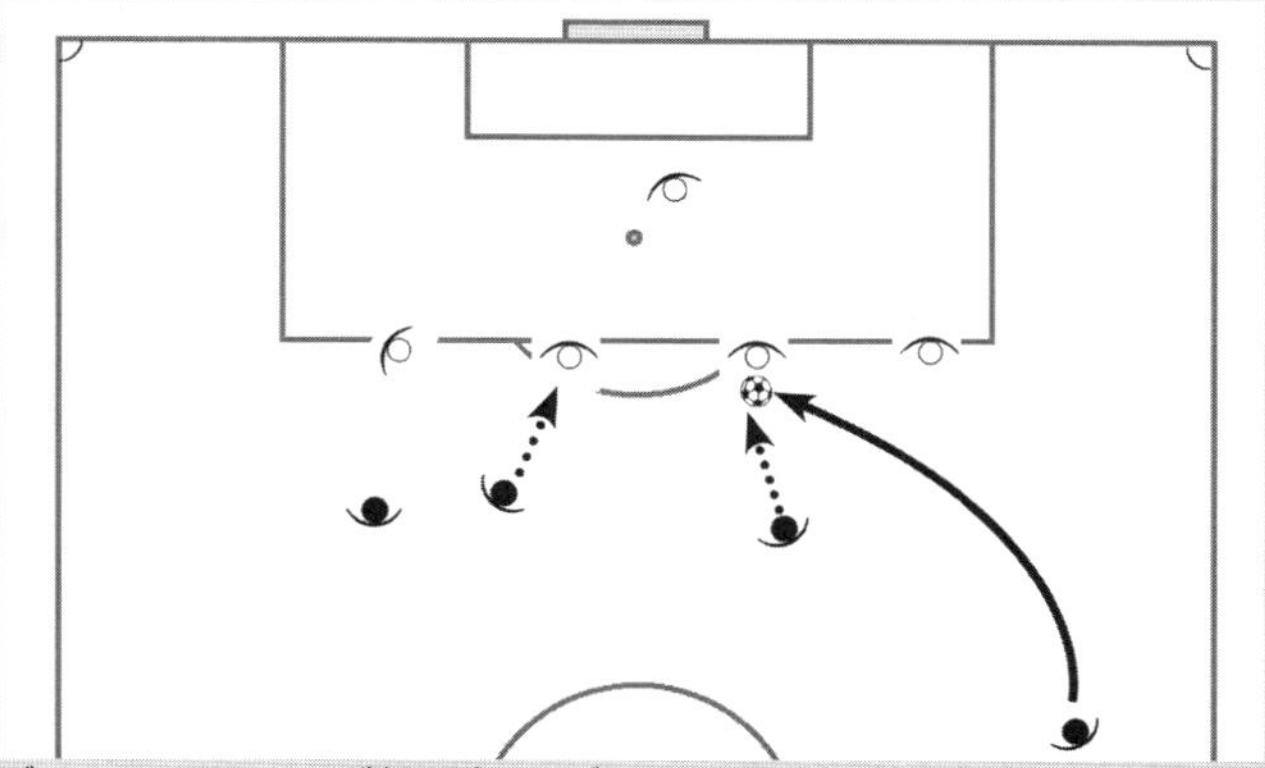

ディフェンスラインが低い時は、ディフェンス側は前を向いて守れるので死角ができにくい。低い位置からクロスを入れても、効果が薄い。

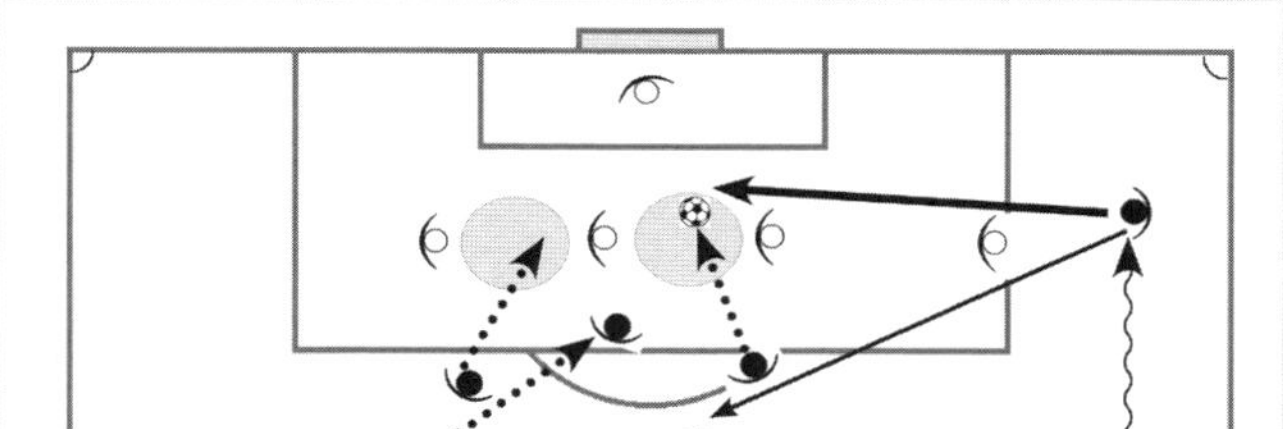

ディフェンスラインが低い時は、深い位置までドリブルで持ち上がり、相手の死角を作ってからクロスを入れる。相手が下がっていることによって生まれる手前のスペースに走り込む味方へのマイナス方向のパスも有効。

――瞬時に攻めるべき場所を判断しなくてはならないんですね。

そして、それだけでもダメなんですよ。動き出したり、パスを出したりするタイミングが大事なんです。

動き出しが一歩遅れれば間に合わないし、一歩早ければ相手に読まれてしまう。やろうとしていることをつい先走ってやってしまいそうになるけれど、そうではなくて、たとえば相手がしっかり食いついてくるのを待ってから、そのウラをかくのがコツなんです。

――相手が食いついてくると、自由にプレー出来なくなるんじゃないですか。

そうですね。まず相手が厳しくアプローチしてくると、マークされた選手は自由度が低くなる。けれど、マンツーマンになったぶん、相手が空けたオープンスペースを使えるようになるんです。マークされた選手がそのマークを剥がしてもいいし、ほかの選手がそのスペースに走り込んでボールを受けてもいい。だからわざと相手を食いつかせるようにタメをつくったりね。アクションを起こすタイミングが大事ですね。

——逆に、守備のときはどうなんですか。

その状況でどういうプレーを選択するかというのが難しいですよね。ボールを持っている相手に対して、ひとりで奪いにいくのか、味方と協力して取り囲むのか、相手の攻撃を遅らせるのかといった判断の選択がね。

判断するときには「いつ」「どこで」「どうする」を迷いなくやることが大事です。それは一人だけじゃなく、全員が組織として同じ判断を出来なくてはならない。そうしないと連動しない。

戦術を浸透させていくなかで、選手たちは「いつ」は比較的早くわかりはじめましたね。それに続いて「どこに」も見えるようになっていった。最後まで難しかったのは「どうする」の部分。集まるか広がるかの意思疎通が迷いなく出来るようになるには、やっぱり時間がかかりました。

攻めやすいかたちで奪うのが良い守備

——2011年のチームのいちばんの魅力は、やはりカウンターの鋭さでした。鋭いカウンターを繰り出すためには、どういうところがポイントだったのですか。

守備って何だと思いますか？　自分たちのゴールを相手に割らせないためのものでもある。それもあるけど、相手からボールを奪ってこちらの攻撃へと切り替えるための作業なんです。

守備はつねに、その次の攻撃につながるものでなくてはいけません。だから、良いかたちで奪うことが大事。良いかたちというのは、こちらの攻撃に切り替わったときに、相手の隙を突いて攻めやすいかたちということです。

もちろん、一発で相手からボールを奪えればベストですよ。ボールを持っている相手から奪って、そこからすぐに攻めることが出来れば。でも、すべてに一対一で噛みつくのは無理です。だからせめて、相手ボールホルダーの自由を奪うアプローチをする。相手のオフ・ザ・ボールの選手がボールを受けに動いても、そこにボールを渡させないように、ファースト・ディフェンダーがパスコースを限定しに詰めるんです。このときは体の向きが肝心です。プレッシャーを与える早さ・速さも大事。早ければ早いほど、相手の視野をボールコントロールだけに集中させて連動させない。そうすると自ずと次のマークのしかたや守るべきゾーンが決まってくるし、相手が苦しまぎれに蹴って逃げてしまえばボールは五分五分のものになるので、必要最小限の労力で守備をすることが出来るんです。

次の選択肢としては、相手の攻撃を遅らせる。どうやって相手に時間をかけさせるかの勝負です。最も望ましいのは、相手に前を向かせない状態をキープすること。前を向かれてしまっても、しつこく食い下がって、相手にドリブルさせる。ドリブルするということは、パスを出すコースがないということでもあります。ボールを運ぼうと思ったら、ドリブルよりもパスのほうが早いですからね。パスを出されるとしても、それは短いパスでなくてはならない。長いパスで一気にゴール前に運ばれてしまってはいけません。どうすればバイタルエリアから逃れるかということを第一に考えます。

ただし、この「遅らせる」という選択肢は、相手の力に合わせた受動的な対応ですよね。相手の攻撃に対して後手を踏み、そうせざるを得なくなったという。

だから理想としては、事前にチーム戦術を確立させておいて、能動的なプレーが出来る状況を生み出したい。相手の力を遅らせるのではなく、こちらの力で自然に相手が遅れてしまうようにね。バランスを保った良いポジショニングを素早く取ることと、効率的で効果的にプレッシングすることによって、相手の先手を取って守ることが可能になるんですよ。

ボールも人も、人と人の間を通りたがる

――その守備のやりかたの選択は、何を基準にしていたのですか。

相手との数的関係です。

こちらのほうが数的優位であれば、ボールに近い選手は相手を圧迫してボールを奪い返しに行く。同時に、ボールに関わるのが間に合わないフリーマンは、まずクサビの通りそうなコースを消すポジションを取ります。数的に優位でない場合は、すぐに奪い返そうとするのではなく、将来的に奪うことを考える。いまの時点でどこに相手を追い込めばボールを奪いやすいかということをね。

だけど、さきほども言ったように、守備の目的は、ボールを奪うことだけではありません。相手の攻撃を遅らせるための守備もある。パスコースを切ったり、相手がこちらの背後に走ることをあきらめざるを得ない状況をつくったりすることで、後ろ向きや横向きのパスを繰り返させる。それで相手の前進を防ぐことが出来れば、その時点でディフェンスは一旦成功と言えるんですね。

その際にポイントになるのが、相手の間に立つポジショニングです。

たとえば、相手がボールを持っているとき。ボールホルダーのパスコースがAとBの2つあるとする。どちらにパスを出すかわからない。このとき守備側はどういうふうに守ればいいか。

AとBにそれぞれマンマークするのは非常に危険です。たとえば、Aがボールをもらいに行って、ボールホルダーがAにボールを当てるタイミングでBが動き出すと、AはワンタッチでBにボールを当ててワンツーでスペースに抜け出しやすい状況になる。

――守備の選手は攻撃の選手の動きに応じて動くぶん、ワンテンポ遅れますもんね。

そう、だからぴったりマンマークしていたのでは間に合わない。また、ワンツーでなくても、Bが上手くマークを剥がし、自らボールをもらって抜け出すという可能性も考えられます。

マンマークディフェンスはボールの動きについていけず、相手にスペースを与えやすい。自分がマークしている相手のことはしっかり見えるけれど、2人目、3人目の相手の状況や動きを把握しづらく、プレー範囲が狭くなりがちなんです。だからひとつひとつの局面が孤立してしまう。食いつかされてマークを剥がされたり、隣の相手が背後に走る

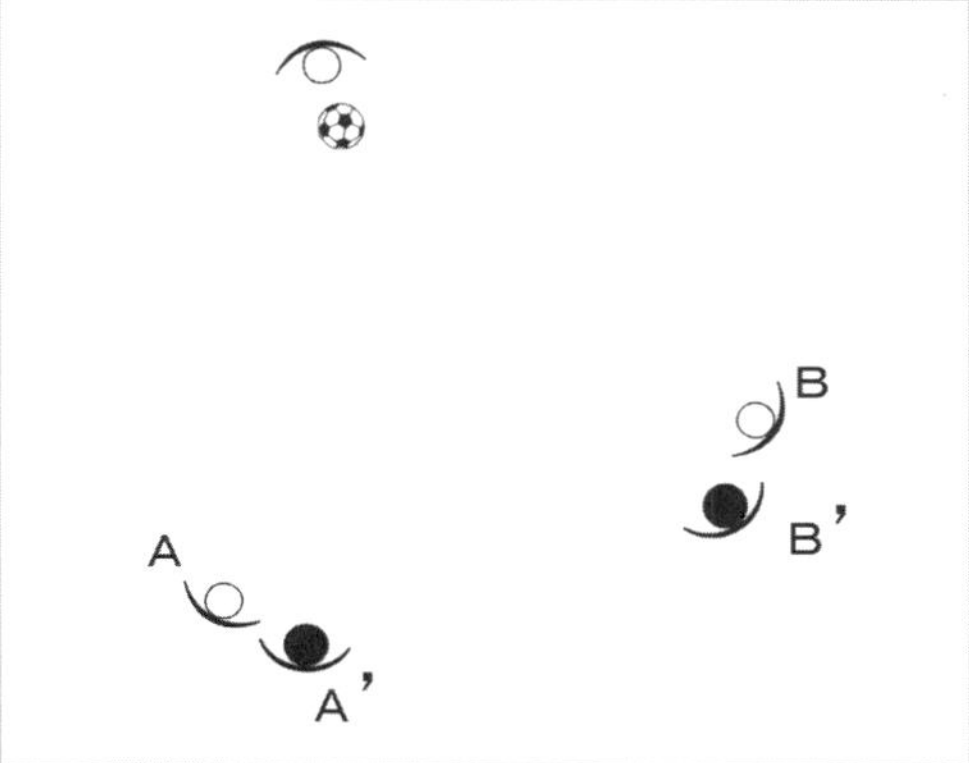

相手ボールホルダーにパスコースが２通りあり、Ａと
Ｂのどちらにパスを出すかわからない場合。
A'、B' がマンツーマンで守っていると……

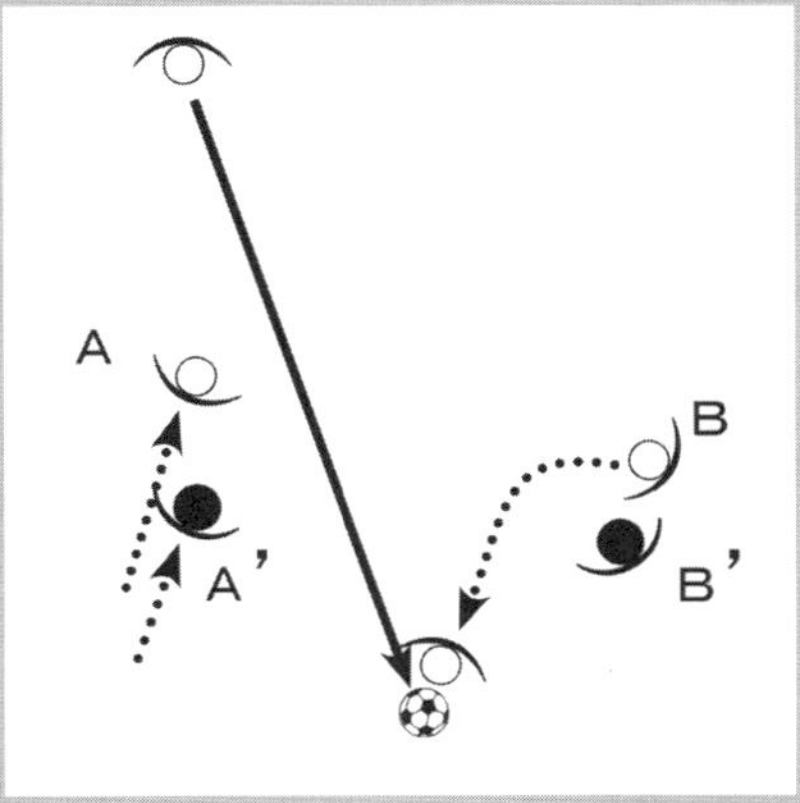

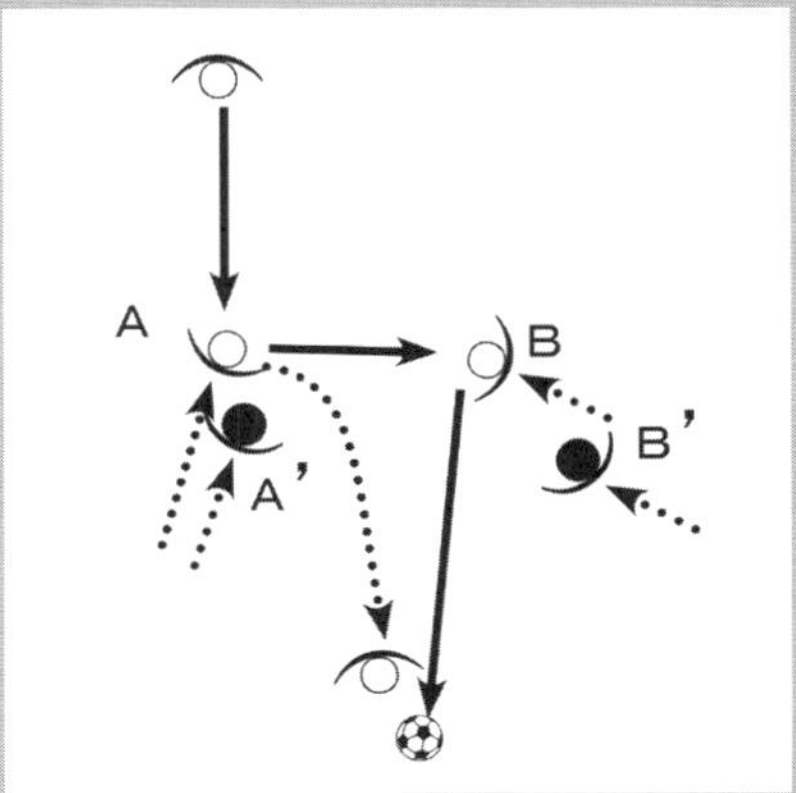

たとえばボールをもらいに行ったＡにボールが出るタイミングでＢが動き出し、ＡとＢ のワンツーでＡがスペースに抜け出しやすい状況が生まれてしまう(右図)。
あるいはＢ 自身がB'のマークを外してウラに抜け出す可能性もある(左図)。

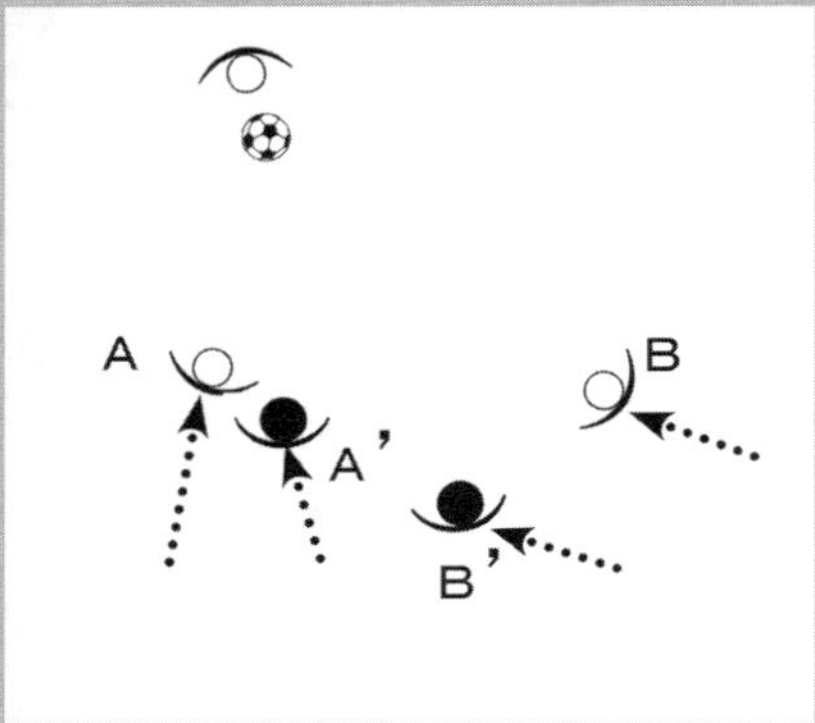

Aがボールを受けに行き、A' がそれについて行ったら、B' はAとBとの間にポジションを取り直す。

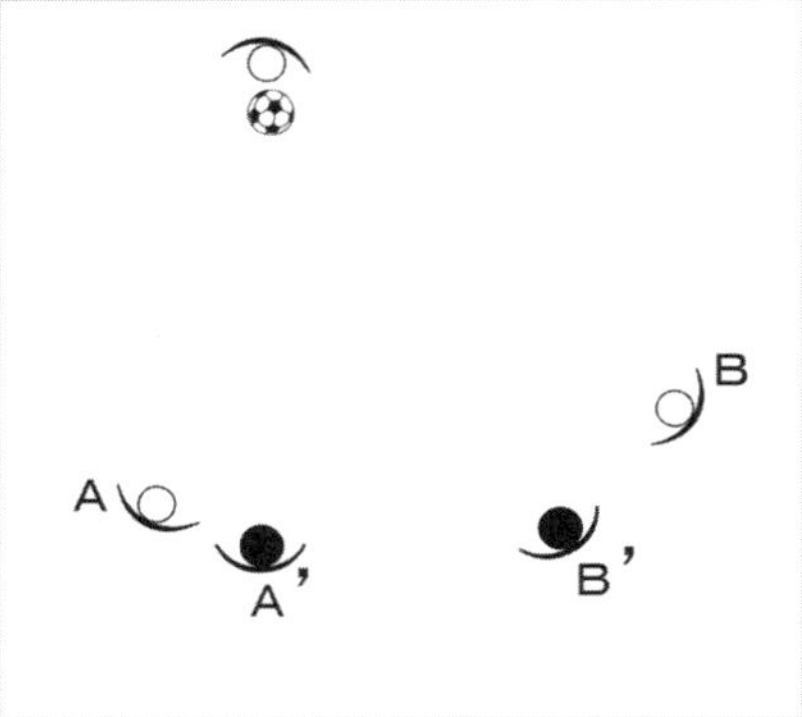

57 ページのような状況を防ぐためには、A' と B' はAとBの間にポジションを取る。

のを阻止できなかったりしてしまうんですね。相手は２人、３人が流動的に動いてマークを剥がそうとしますから、こちらはそのたびにマークを受け渡さなくちゃならない。でもその瞬間が危ないんですよね。相手を一瞬フリーにさせてしまう可能性がある。一対一の守備は、個人の能力で仕事をしなくちゃならない上に、一度かわされたらそこで終わりですから、これは大変危険です。

では、そういうことを防ぐためにどうすればいいかというと、Ａ'とＢ'はＡ、Ｂそれぞれをマンマークするのではなく、ＡとＢの間に立ってほしいんです。Ａがボールをもらいに動き、Ａ'がそれについていったら、Ｂ'はあらためてＡとＢの間にポジションを取り直します。

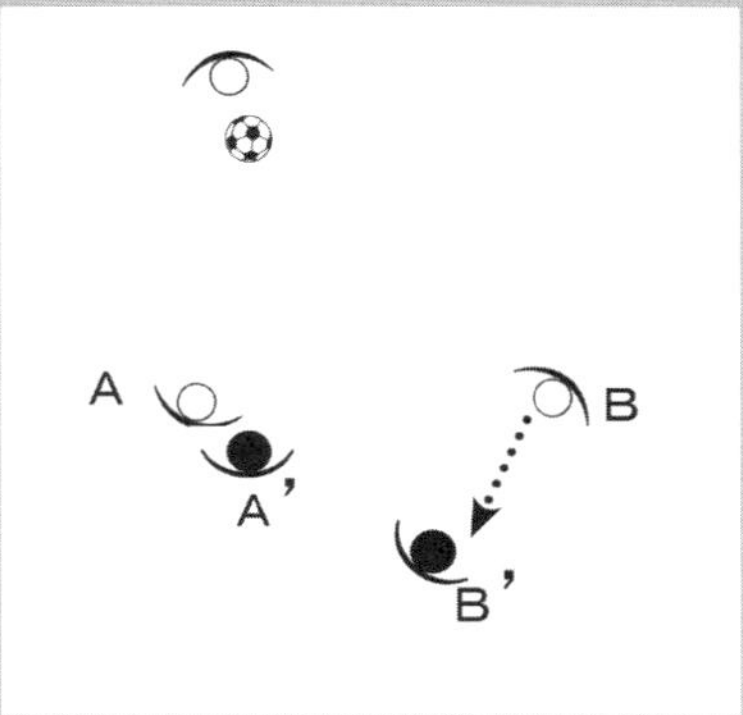

B自身がウラのスペースに抜け出そうとしても、そのコース上にB' がいることになる。相手はパスを足元で受けるか、下がって受けるしかなくなり、攻撃の主導権を握れず、ボールを「持たされている」状態に陥る。

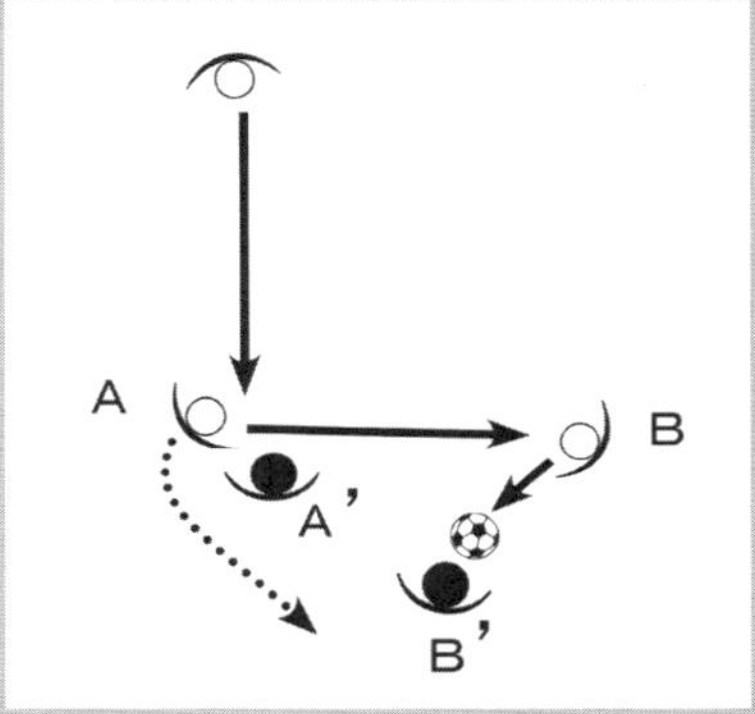

相手の間にポジションをとることでAがBにボールを当ててワンツーでウラに抜け出そうとしても、Bがパスを出したいコース上にB' がいることになり、攻撃側のプランは成立しなくなる。

　そうしておけば、ＢがＡに近寄ってボールを受けたとしても、Ｂ'はＢがスルーパスを出したい軌道上に立っていることになる。すでにパスコースを切れているんですね。だから攻撃側はワンツーが出来なくなる。Ｂ自身がスペースに走ろうとする場合も、走るコースを切れている。
　ボールが通る軌道も、攻撃の選手が走るコースも、相手と相手の間なんです。だからＡにボールが出たとき、Ｂ'は、ＡがＢに当てて走ろうとするところ、Ｂがパスを通そうとするところにポジションを取る。するとＢはコースを切られているのでスルーパスが出せない。だからＡも走らない。足元で受けるか、さらに下がって受けるしかなくなるんですね。

――守備側が先手を取って攻撃側を動かしている。

いわゆる「回させる」「持たせる」という状態ですね。数字の上でのポゼッション率は攻撃側が高くても、展開の主導権は守備側が握っている。

守備は、何よりもまず、相手がゴールに進むのを防ぐことが大事ですからね。一発でボールを奪い返そうとして相手に飛びかかり、失敗して抜かれてしまうくらいなら、こうやって相手に横向きや後ろ向きのパス交換を繰り返させるほうが、守備としては成功ですから。そして相手の横パスやバックパスの回数が多くなればなるほど、こちらがボールを奪うチャンスも増えるということです。

そうやって守って相手に時間をかけさせているあいだに、ウチのチームは良いポジションを取る。そうしておいて、いざボールを奪ったら、一気に切り替えてゴールへと向かうんです。

スペースを見つけて自分たちのエリアを広げていく

――この、「一気に切り替えてゴールへと向かう」やりかたが、「縦ポンサッカー」と勘違いされることになったんでしょうけど。決して行き当たりばったりの「縦ポン」ではなく、明確に意図をもって攻めていたんですよね。

あのときわれわれを揶揄した人たちは、一概に「蹴る」ということを目の敵のようにしていましたからね（笑）。長いボールを蹴ること自体は悪いことじゃないんですよ。蹴るからこそつなげる、長いボールを織り交ぜるからこそ短いパスをつなげるということがある。

いいですか、サッカーはエリアのゲームなんです。どちらが自由なエリアを広げるかという。エリアを自分のものに出来るか相手に食われてしまうかのせめぎあいなんです。スペースを上手く使えないチームは、広いスペースがあるにも関わらず、狭く狭くプレーしてしまう。部屋が7つあるのに3つしか使わないようなことをします。上手いチームは、一見スカスカに見えても、広々と、のびのびと、スペースを使えているんですよ。わかりやすく言えば、逆サイドとかね。空いているところ、相手の死角が見えていて、そこを使って攻める。言い換えれば、そこを自分たちのエリアにしていくということです。ボールを奪ったら、ポストプレーヤーを真ん中に残して、あとの選手たちは前後左右に広がる。このとき、相手から逃れるようにギャップポジションを取ります。相手と相手の間に立つんです。そうするとボールが来ないときに相手がマークに付きづらくなるので。

――セカンドボールを奪いあうように、スペースも奪いあっていくんですね。

これはボールを持っている選手だけが見えていても出来ないことですよ。チームとしてそれを理解し、連動していなきゃいけない。ボールホルダーが空いているスペースへボールを出すときには、そのボールが到達するまさにその瞬間に、受け手がそこに走り込まなくてはなりません。そこでボールを受け損ねると、リレーでバトンを落とした状態になるんです。バトンは渡すランナーと渡されるランナーの呼吸が合っていないとスムーズに渡せないでしょう。それと同じです。

そのためにも、数的優位に立つことがカギになります。ボールは1個しかないから、ボールがいまどこにどういう状態であるのかによって、ピッチ全体では11対11で戦っているんだけど、このエリアでは数的不利でもいいから、こちらで数的優位をつくるといった判断をして、ポジションを取るんです。

マークを剥《は》がして数的優位をつくる

――攻撃のとき、相手と同数の局面ではどうすればいいんですか。

奥行きと幅、それぞれでポジションを修正してフリーになる味方をつくり、数的優位へと持ち込みます。

スイッチを入れるのはボールホルダー。相手が同数で守っているときは、味方にボールを預けようと考えると奪われるリスクが高くなる。だから当てて返すパスを繰り返します。これはボールを運ぶためのパスではありません。相手にボールウォッチングさせるためのパスです。

そうこうするうちに、相手がシビレを切らして食いついてきたら、その選手がマークしていた味方がフリーになれるし、食いついてきた相手の背後のスペースが空く。それこそチャンス到来です。

――相手に食いつかせるようにボールを動かすコツは。

タイミングよく横パスと縦パスを織り交ぜることですね。横パスばかりだと相手はスライドしながら対応するだけ。縦パスばかりだと単調で奪われやすい。

だから横パスで揺さぶりながら、相手の状態を見て縦パスを入れるんです。縦パスを入れると、相手はそれを潰そうとして集まるので、マークが外れてフリーになれる選手が出てくる。この選手がボールに関わる「3人目」として攻撃に絡むと、選択肢が増えて、サッカーは一気に組織的で面白くなります。

でも、実際にはパスだけで崩すのは難しい。そんなときに効果的なのがドリブルです。こちらがボールを持って相手と同数でにらみあっているとき、すっとその局面を抜け出して別の局面をつくる。そのとき周囲の選手も良いポジションを取れば、新たに数的優位がつくれるというわけです。

――周囲の選手は何に気をつけてポジションを取ればいいんでしょうか。

ボールホルダーがパスを出しやすくて、なおかつ相手からは遠いことですね。たとえば密集で相手がプレッシャーをかけてきていて、サイドチェンジをするには一旦バックパスが必要なとき。中盤でボールを奪った瞬間に、ディフェンスラインはすでに下がってワイドに広がり、ボールを受ける準備をしておかなくてはなりません。

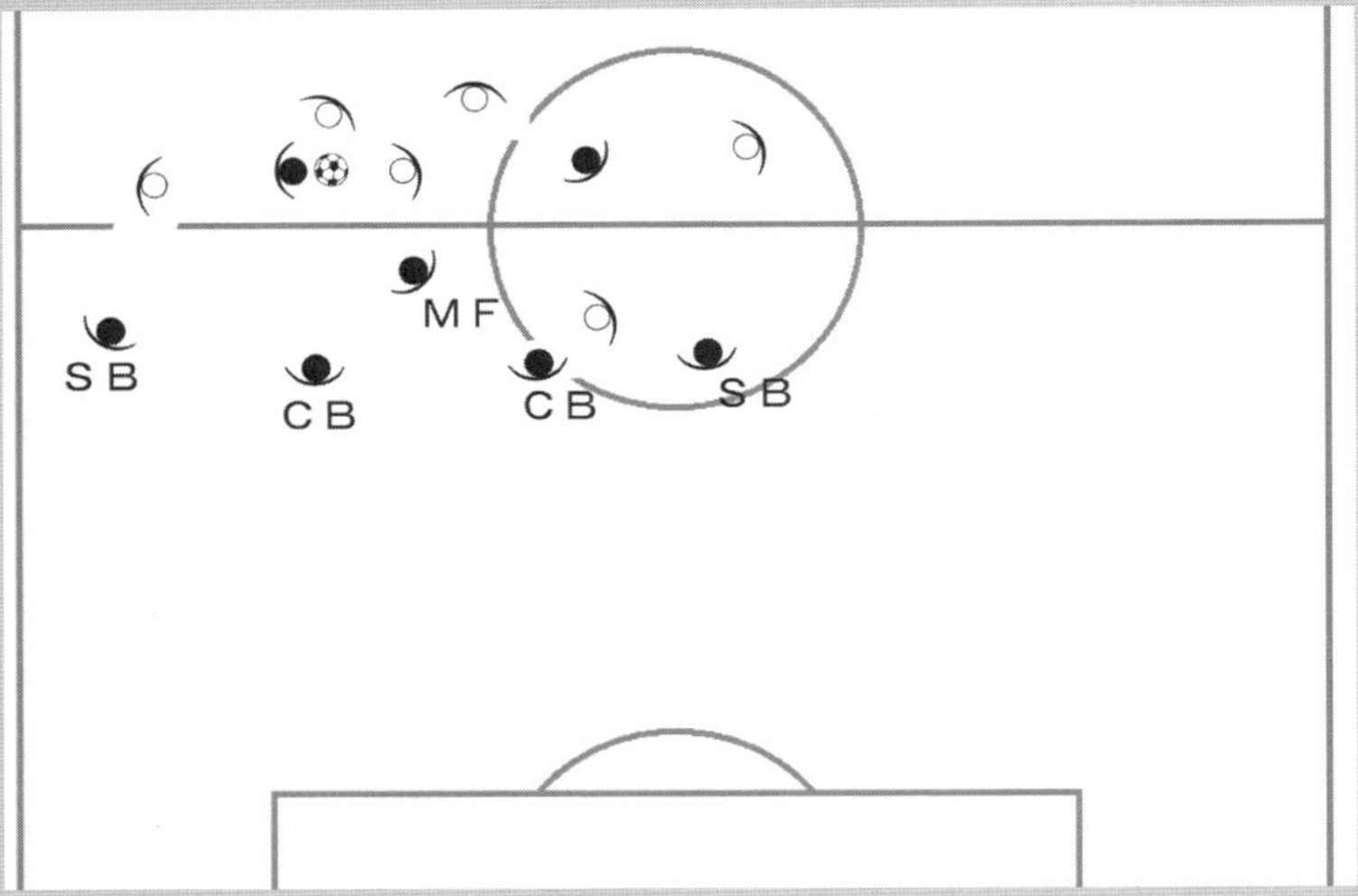

中盤の攻防でボールを奪ったが、密集状態で前方へのパスコースがない。サイドチェンジでボールを密集の外に出したいが、そのためには一旦バックパスが必要になる。

このときにポイントになるのが、ダイアゴナルという斜めの動きです。斜めを意識してポジションを取ることで、相手とボールを同時に視野に入れながら、相手からカットされにくい体の向きでボールを受けることが出来ます。縦に下がるだけでなく横の動きが加わっているので、パスの出し手にとっても距離感をつかみやすく、パスの強弱をコントロールしやすくなるんですね。

――なるほど。そうやって受けたところから、逆サイドや前線に展開して自分たちのエリアを広げると。

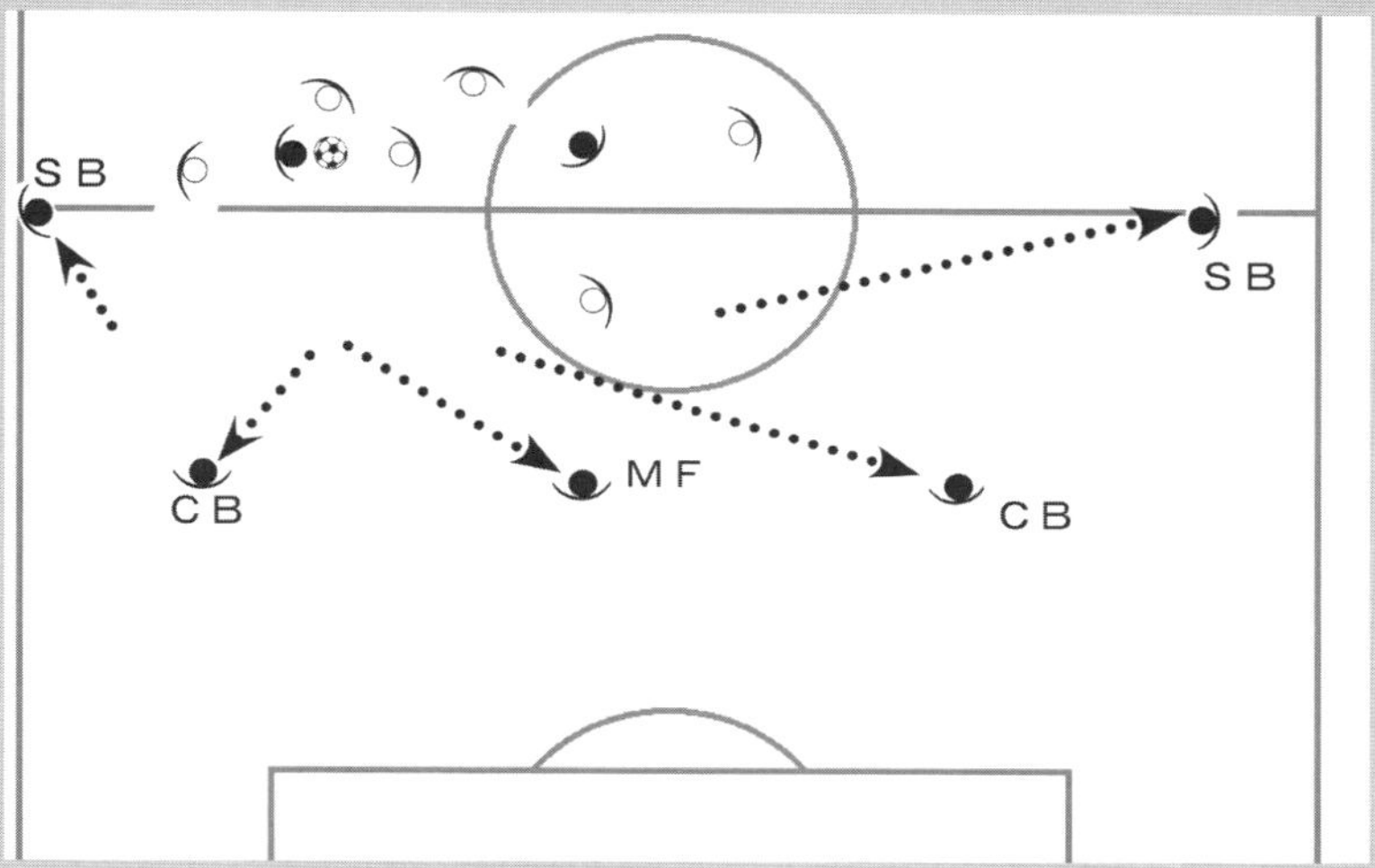

ボールを奪ったと同時に、最終ラインは下がってボールを受ける準備をしておく。SBに高い位置を取らせるために左右のCBが開き、中盤の一枚が下がってスペースを埋める。このとき斜めの動きを意識して下がると、広い視野を確保できるとともに、球際で有利な態勢を取れ、味方との距離感も把握しやすくなる。

相手はボールを奪うために集まってきていますからね。だから、その背後が広々と空いている。そこを使うために長いボールを使うんです。そのために「蹴る」んです。

数的同数でもポジショニング次第で優位に立てる

――要するに、フリーマンサッカーにおける敵味方のせめぎ合いとは、数的優位のつくり合いなんですね。数的優位に立てたほうが試合の主導権を握れる。

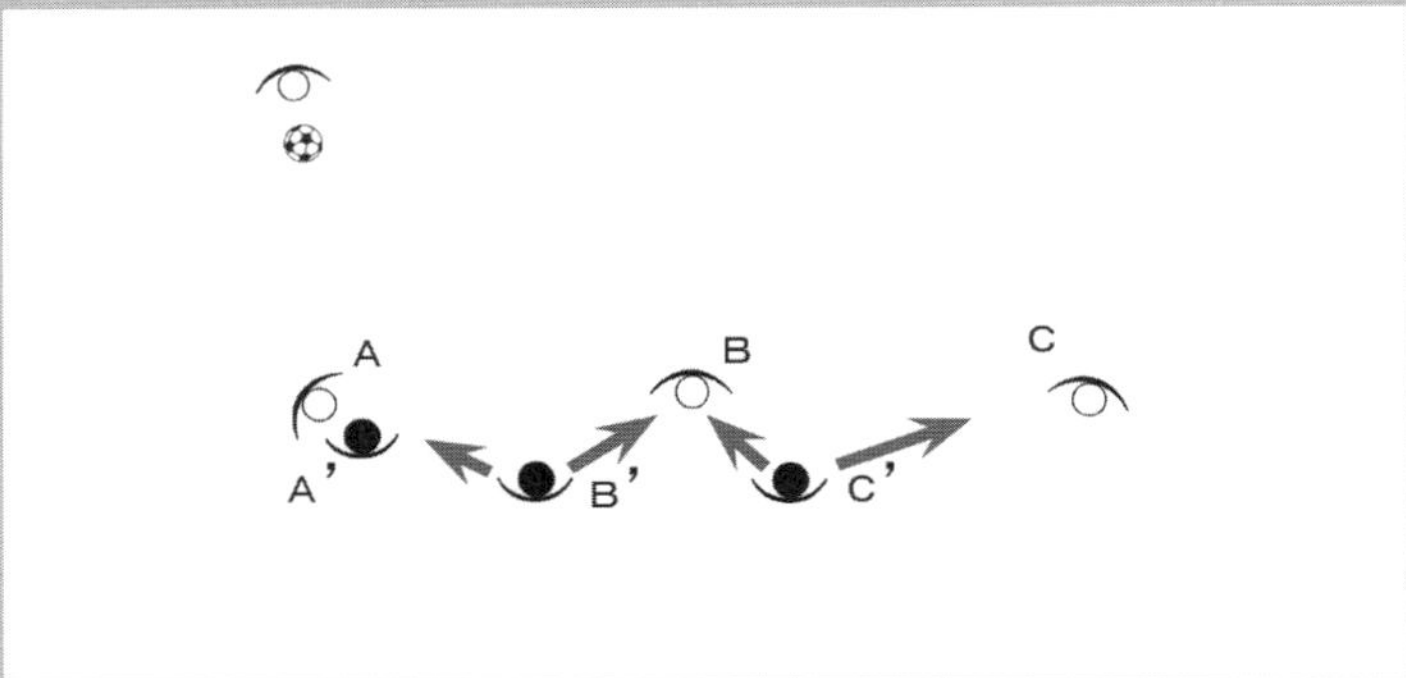

このような状況で相手攻撃陣と同数の局面を迎えたら、守備側は相手の間にポジションを取り、1人が2人をケアする。
こうすることでA、B、Cの誰にボールが出てもある程度対応できるとともにA’が1人浮き、A’はボールの動きや周囲の状況などに応じて動くことが出来るため、実質的に数的優位な状況をつくれたと言える。

そうですね。でも、たとえ人数が少なくても、ポジショニング次第で優位に立てることがありますからね。

攻撃と守備が同数の状況では、マンツーマンで守ろうとすると守備側が不利になるんですけど。これもギャップポジションを取ることで、数的優位な状況に持ち込めたりするんです。

まあ、ボールがどこにあるか、ピッチ上のどの位置でその局面を迎えたかによって、選手たちのやるべきことも少しずつ変わってくるんだけど。

じゃあ、たとえばこのような状況で数的同数になったとしましょうか。

3対3になっていますね。このとき、守備側はマンマークしてはダメ。一対一で対応しようとしてマ

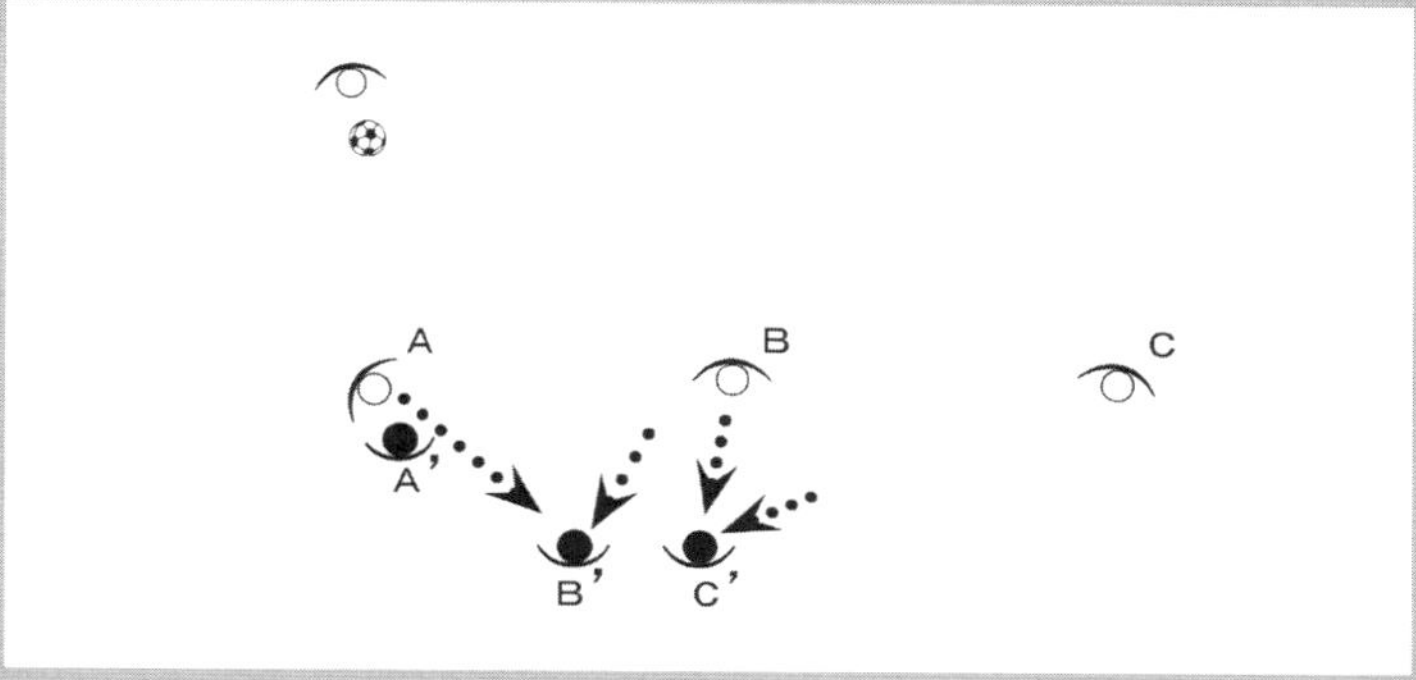

A がウラに走ろうとしたとき、A' が阻止に失敗したとしても B' が対応できる。さらに B がウラに走ろうとしたときには C' が対応する。C はフリーになるが、ボールとは逆サイドで距離があるため、ここは一時的にフリーにしても構わないと判断する。

ークを外されたら一発で終わりだから。

だから、相手の間に立つ。そうすると、1人で2人の相手をケアすることが出来るので、A'が浮いた状態になる。つまり、実質的には1人多い状況がつくれるんですね。

浮いたA'は、ボールや相手の動きを見ながら、サイドに出たり前に出たりと判断してプレーできます。いちばん近くにいる相手Aがウラのスペースへ走り出してボールを受けようとしたら、それを阻止するために思い切って寄せに行ってもいい。

そこでA'が抜かれたら、B'が対応できるから。チャレンジ・アンド・カバーですよね。

Aが走れなくなったところで今度はBがウラ抜けを狙ったら、それにはC'が対応する。もともと間に

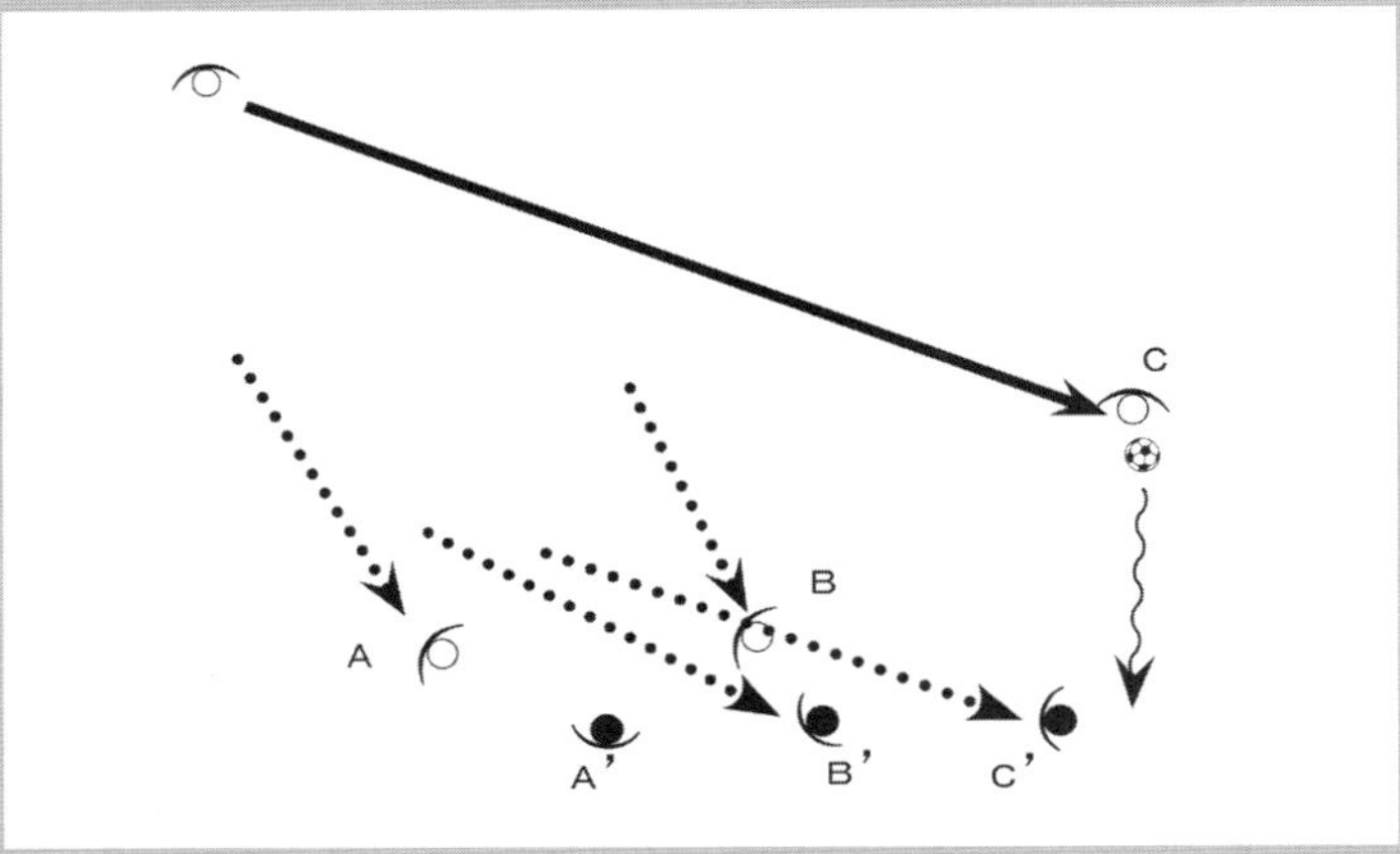

フリーになったCがボールを持ち出そうとしたら、C' はそれに食いつかず、ふたたび相手の間にポジションを取って待つ。
B' はBとCとの間にポジションを取り、Bがウラに走るのを阻止する。A' もAとBの間に立ち、Aを走らせないようにケアすることで、相手がゴールに迫るのを防ぐことが出来る。

立っていたので間に合うんです。
そうするとCは完全にフリーになってしまうんだけど、この場合、Cはボールとは逆サイドで、ゴールに迫るにも時間がかかるから、抑えなくてはならない優先順位としては低い。だから一時的にフリーにしても構わないんです。

――「逆サイドを捨てる」という判断ですね。

ボールホルダーがフリーになったCにボールを出し、Cがドリブルで持ち出そうとしたとしましょう。このときも、C'はCに食いついてはダメ。少し下がったところで待ちま

×

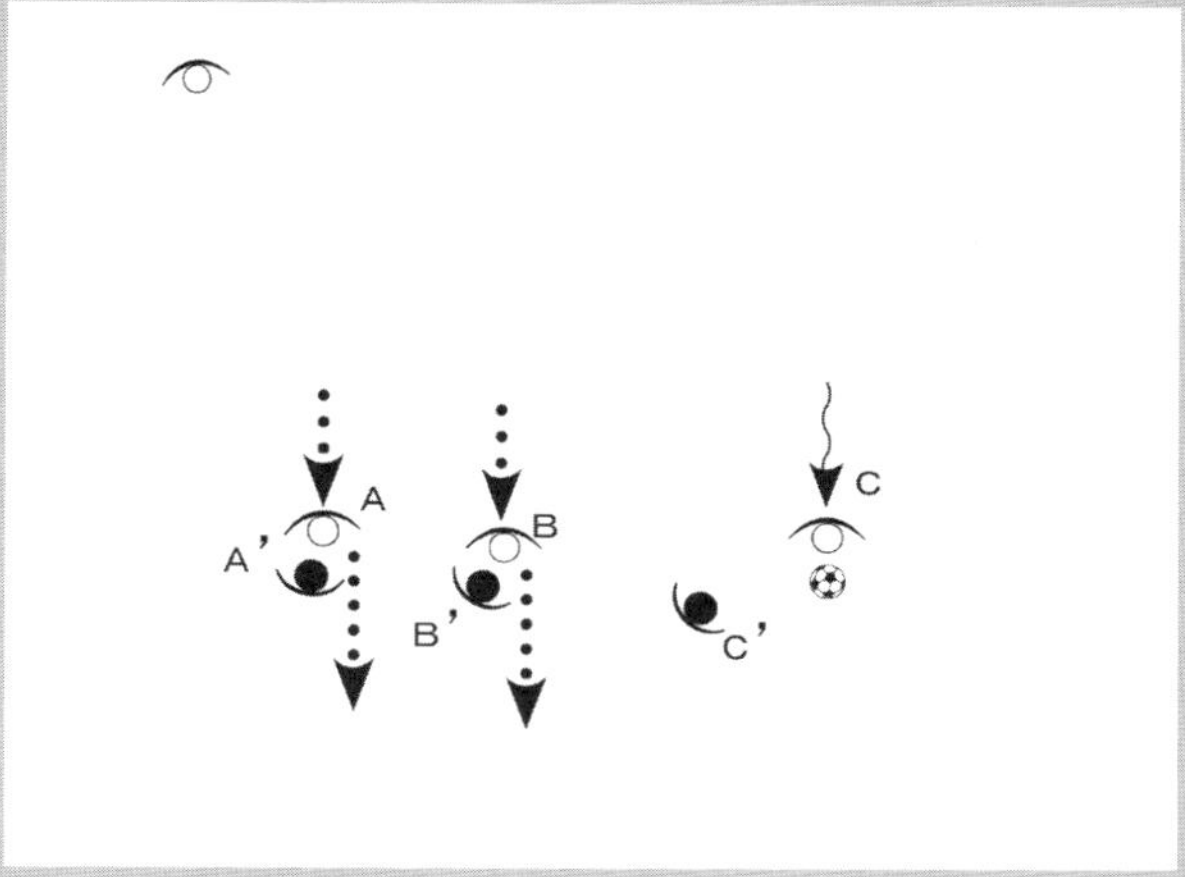

Cがボールを持ち出す間にAとBが上がってくる。このとき、A'とB'がAとBに食いついてしまうと、1対1でかわされて背後に抜けられてしまう危険性が高くなる。

す。その間にAとBも上がってくる。B'は、BとCの間にポジションを取ります。それはウラのスペースに走るBへとCが通したいスルーパスのコース上なんですね。同様にA'もAとBとの間に立ち、Aのウラ抜けを未然に防ぎます。

このように、ギャップポジションを取ることで、数的同数でも優位な状況へと持ち込めるんですよ。

Chapter 3　実戦

敵を知り、
己を知ること

カウンターで瞬殺した2011年

――そういった部分を「フリーマンサッカー」のベースとして、2011年のメンバーで縦に速いサッカーのスタイルで戦うと決めたポイントは、どこだったのですか。

あの年のメンバーは、ひとりひとりの得意なことがはっきりしていました。それ以外のことも何でも出来るというマルチな能力はなかったけれど、個性が際立っていた。その得意なひとつひとつを組み合わせることによって、「1」が「2」にも「3」にもなるやりかたを組み立てたんです。

アンカーのポジションでゲームメーカーを務めたのが、上野尊光でした。彼は全体の軸としてあまり動かず、中盤の底から試合の流れや敵と味方の動きを見ながら、賢く判断してボールを散らしました。人間の体で言えば脳の部分ですね。

そして、このスタイルのいちばんのキーマンだったのは、中盤の両サイドに配置した

2人です。右の佐保昂兵衛は50メートルを6秒で走るスピードを誇り、飛び出しが得意。左の梶谷充斗も足が速くてドリブルの技術を持ち、二人とも攻守を素早く切り替えて長い距離を何度も上下動できるスタミナがありました。攻守においてユーティリティー性を持っていて、攻撃で言えばアタッカーにもパサーにもなれた。

その佐保と梶谷を中盤の右と左に置いて、ボールを奪ったらサイドに開きながら前線へ走ってウイングと絡ませる。逆に奪われたら素早く中盤に戻ってアンカーの両脇のスペースをケアする。攻守を切り替えるたびに出て行ったり戻ったりしなくてはならず、かなりのスピードと運動量が必要なポジションでした。

上野と梶谷と佐保、この中盤の3人が僕に信用されながらもとても苦労したと思うのは、彼ら3人がチームの目指すサッカーまで連れていくカギを握っていたからです。3人はチームの「腰」でした。腰が丈夫でないとチームは強くならないですからね。

――左右のミッドフィルダーの動きが、特に特徴的でしたよね。

そうです。基本のフォーメーションは4―3―3。これが、守備のときと攻撃のときでかたちを変えるんですよね。

相手にボールを持たせブロックをつくって守るときには、佐保と梶谷が中に絞り、アンカーの上野の両脇のスペースを消します。同時に両ウイングの岡部と藤澤は、トップの武生と並んで、3列の層でゴール前を固めるんです。まずは揃えてから行けと。縦も横もコンパクトにして、ボールサイドに寄って守ります。

ボールを奪って一気にカウンターを仕掛けるときには、佐保と梶谷がワイドに開いて前がかりになり、一列前の岡部と藤澤と並んで4―1―4―1の陣形になります。前に人数をかけるんです。佐保と梶谷がスピードに乗って一気に前に出て行くので、リスクマネジメントのために両サイドバックには守備色の強い藤田と馬場を置き、あまり高い位置を取らせないようにしていました。この二人があまりスピードがなく、クサビを入れるのも得意でなかったという理由もあるんですが。それが得意だったらもっと攻撃参加させても面白かったんですけどね。でもそのぶん守備は堅かったですよ。

基本の陣形

4-3-3 の基本の立ち位置

ブロックを作って守備を固めるとき

相手にボールを保持させる時間帯には、両ウイングバックの佐保と梶谷が絞り気味に引き、両ウイングの岡部と藤澤が 1 トップの武生と並んで 4-3-3 の陣形のまま 3 列のブロックを形成。層を厚くしつつゴール前のスースを消す。

ブロックは縦だけでなく横もコンパクトに保ち、ボールサイドに寄る。

カウンターで一気に攻めるとき

ボールを奪ったあと、カウンターで一気に攻めるときには、両ウイングバックの佐保と梶谷が広がって前がかりになり、4-1-4-1 の陣形になって前線に人数をかける。

戦力の特長を踏まえ、守備のバランスも重視するため、両サイドバックはそれほど高い位置を取らず、最終ラインやゴールキーパーは前線へのロングフィードやアーリークロスで攻撃参加する。

そんなシステムだったので、中盤のサイドとサイドバック、選手で言えば佐保と藤田や梶谷と馬場のポジションチェンジは行わない。サイドとウイング、つまり佐保と岡部、梶谷と藤澤のポジションチェンジが多いんです。トップの武生とウイングの岡部、藤澤は流動的にポジションチェンジしながらボールも回すんですが、サイドに関しては、ウイングとの縦の関係だけでした。

サイドバックが攻撃参加するときはもっぱらロングフィード専門だったんですが、藤田は右利き、馬場は左利きで、もともと低い位置にいるから相手のプレッシャーを受けにくい。ボールをつないでくる相手の背後のスペースを狙って、良いフィードを送れるんです。だから相手に攻められたときこそ狙いどおりのサッカーが出来るんですよね。スコアが動いたら、それ次第でまた別の展開になりますが。

——あのカウンターはまさに「瞬殺」といった風情でしたね。あれを成功させる秘訣は。

瞬時の判断で攻守それぞれで先手を取ることです。待つほうがいいのか、パスがいいのか。パスを出すならどこに出すのか。それによって相手を無効化できたり、こっちがダメになったりしてしまうんです。相手の選手にデッドプレーヤーをたくさん作りたいんですよね。

――デッドプレーヤーというのは。

そこにいるんだけど、実際には機能していない選手ですね。たとえばボールと逆サイドにいて、こちらが攻めているときに距離が離れているので守備に参加できないとか。良いチームはボールが動くのと同時に上手くスライドして寄ってくるので、無効化できる選手が少ないんです。

2011年第1回戦・北陸高校戦

――では、彼らの特長を生かすために、具体的にどんな攻略パターンで試合に臨んだのか。初戦の北陸高校戦を例にして教えていただけますか。こちらのフォーメーションは4―3―3、相手は4―2―3―1でした。

戦術ボードでマッチアップさせてみるとわかりやすいんですが、お互いの1トップに対してどちらもセンターバックは2枚。これは守備のセオリーどおりです。サイドについては、大分のウイングと北陸のサイドバック、北陸のサイドハーフと大分のサイドバックが1対1で同数。互角ですね。

中盤は3対3。大分の3枚はゴールに向かって逆三角形、北陸の3枚は正三角形のかたちで並びます。この中盤をどう使って数的優位をつくるかがカギになってくるかなと。

それで相手の戦い方を見ると、最終ラインはほぼフラットなままなんですね。だからウチのウイングが戻っても相手サイドバックはついてこない。そうなると、相手に攻められるときにウチの両ウイングが下がれば、どちらかがフリーになれる。下がり過ぎはよくないけどね。フリーになった状態でボールが持てたらチャンスでしょう。

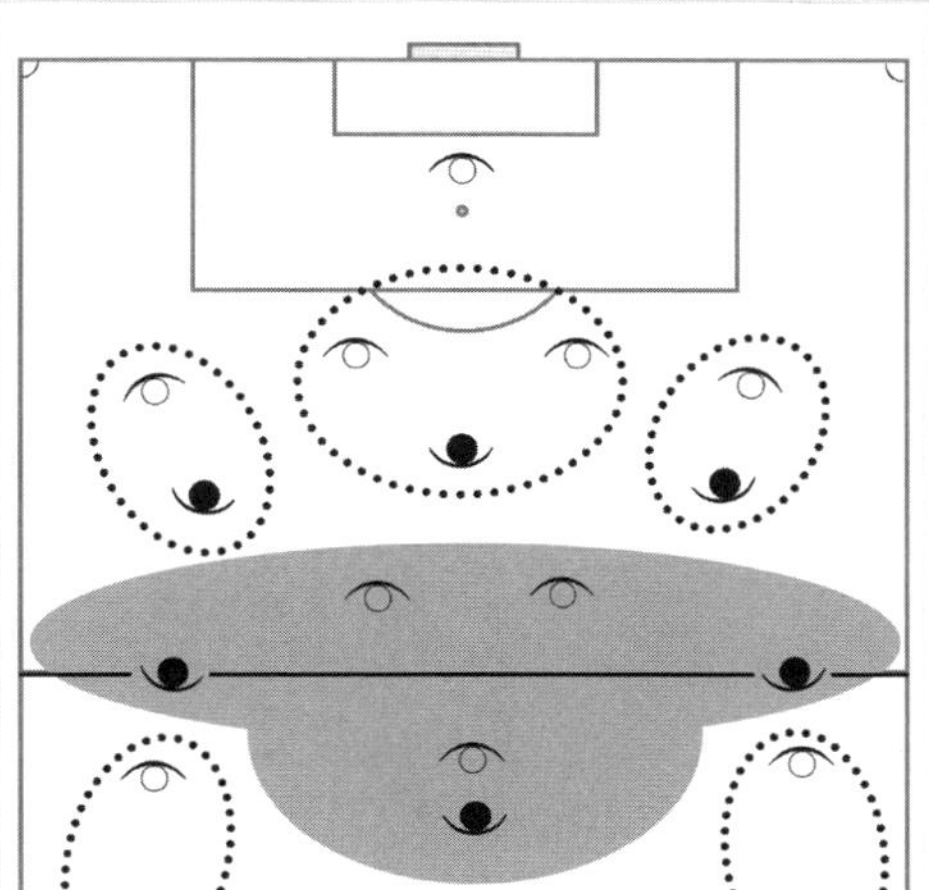

北陸高校戦のマッチアップ

大分の 4-3-3 に対して相手は 4-2-3-1。

マッチアップさせてみると、互いの 1 トップに対して互いのセンターバック 2 枚が対峙することになり、双方ともセオリーどおり「守備の数的優位」がつくられている。

また大分の両ウイングと相手の左右サイドバックがそれぞれ 1 対 1。相手の左右サイドハーフと大分の左右サイドバックが 1 対 1 となっており、これらは数的に互角となっている。

カギとなるのは中盤。大分の 3 枚はゴールに向かって逆三角形、相手の 3 枚はゴールに向かって正三角形の布陣となる。

● 大分　○ 北陸

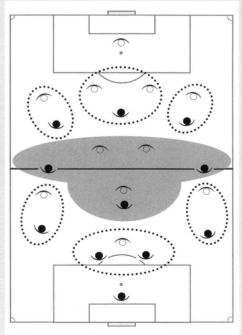

たとえば、左ウイングの藤澤がボールを持てたとする。藤澤が持っているあいだに、左ミッドフィルダーの梶谷がオーバーラップするか、あるいはトップの武生が相手の背後へと走ろうとする。すると相手は背後を取られまいとしてラインを下げる。そこで藤澤が外へボールを持ち出すと同時に梶谷は中へ入ってくる。2人が斜めに交差すると、相手守備陣はマークの受け渡しをしなくてはならなくなるでしょう。こういったスピーディーに連動する動きで、相手の守備網を崩していくんです（85ページ）。

もうひとつ。ウチの右サイドバックの藤田がボールを持ったときのことを考えてみましょう。右ウイングの岡部が受けに下がったとき、相手の左サイドバックがそれに食いついてきたとする。そうなったらトップの武生は右の、岡部がいたスペースに流れて相手センターバックの一枚をつり出す。するとゴール前にぽっかりとスペースが出来るでしょう。あらかじめワイドに張ってタイミングを見計らっていた右ミッドフィルダーの佐保が、そのスペースへと走り込む。同時に逆サイドから左ウイングの藤澤の左サイドの梶谷もゴール前に走り込む。ボールを持っていた藤田がゴール前のスペースへとフィードを送り、走り込んだ3人が仕留めるという算段です（87ページ）。

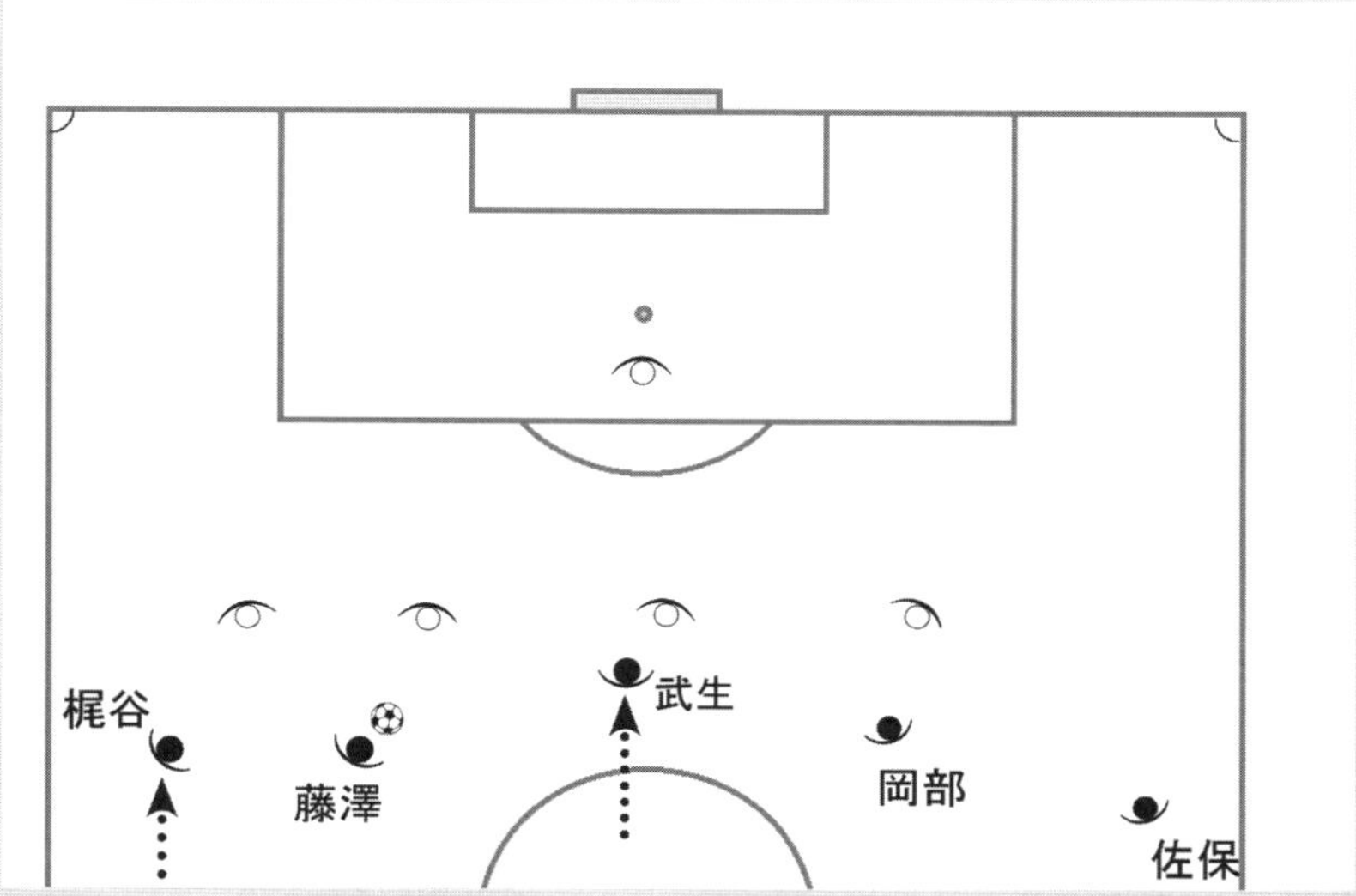

①左ウイングの藤澤がボールを持ったとき、左ウイングバックの梶谷が大外からオーバーラップ、あるいはトップの武生が相手の背後へと走ろうとすると、相手はそれを嫌がってラインを下げる。

②藤澤が外へ走ると同時に、オーバーラップすると見せかけた梶谷が中へと走り、２人が交差して相手のマークを翻弄する。

——佐保くんはかなり長い距離を走ることになりますね。彼のスピードがなくては難しそうです。

そうでしょう。でもスピードだけじゃないんです。

この年に中盤の両サイドを務めた佐保と梶谷は、もともと走るのも速いんですが、それに加えて加速のタイミングを考えろと、僕はいつも言ってきました。選手と選手の間隔を狭く、全体をコンパクトに保つサッカーならば、ワンツーで味方に当てて走ることも出来ます。でもこの年のチームのように幅と奥行きを広く使うスタイルは、味方が近くにいないぶん、タイミングをはかるのが難しい。距離によって判断しなくてはなりません。

そこでは「タメて走る」ということが必要になるんですね。それはディフェンスしている相手をその場に足止めしておくということ。スルーパスが通る理屈ってわかりますか？　あれはディフェンスラインが足止めされてるからスルーパスになるんです。

①右サイドバック藤田がボールを持っている状況で、右ウイングの岡部がボールを受けに下がったとき、相手サイドバックが食いついてきたら、それと同時にトップの武生が右サイドに流れて相手センターバックの一枚をつり出す。

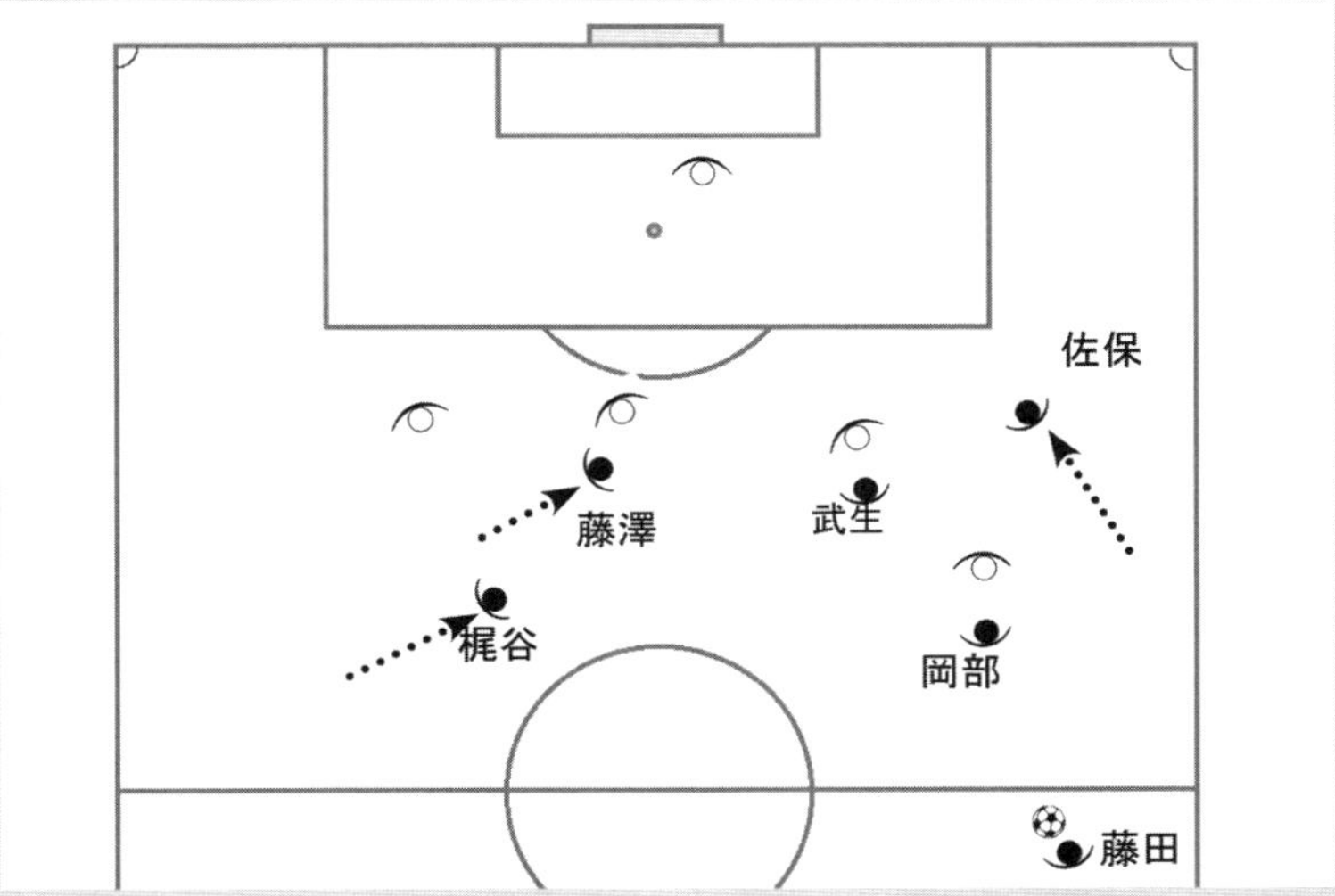

②あらかじめワイドに張っていた右ウイングバックの佐保が、相手センターバックがつり出されたことで空いたスペースへ走り込むのと同時に、逆サイドから左ウイングの藤澤と左ウイングバックの梶谷もゴール前へと走り込む。ボールホルダーの藤田はスペースに走る佐保にフィードを送ってもいいし、藤澤や梶谷に出してもいい。

①相手ゴール前では大分の3トップに対し、北陸は最終ライン4枚がマーク。北陸の守備はセオリーどおりプラス1だが、両サイドでそれぞれ1対1となっている。同数なので攻撃側の大分が有利な状況。それを見て左SB馬場はセンターライン付近から前線にフィードを入れる。

相手をあざむいたアイコンタクト

――では試合の実際の場面を見てみます。まず12分、佐保くんがシュートするシーン。起点は左サイドバックの馬場くんですね。

はい。馬場がボールを持ったとき、ゴール前の状況を見てください。ウチの3トップに対し、相手はセオリーどおり4枚の最終ラインで守っている。だけど両サイドでは佐保と梶谷が相手

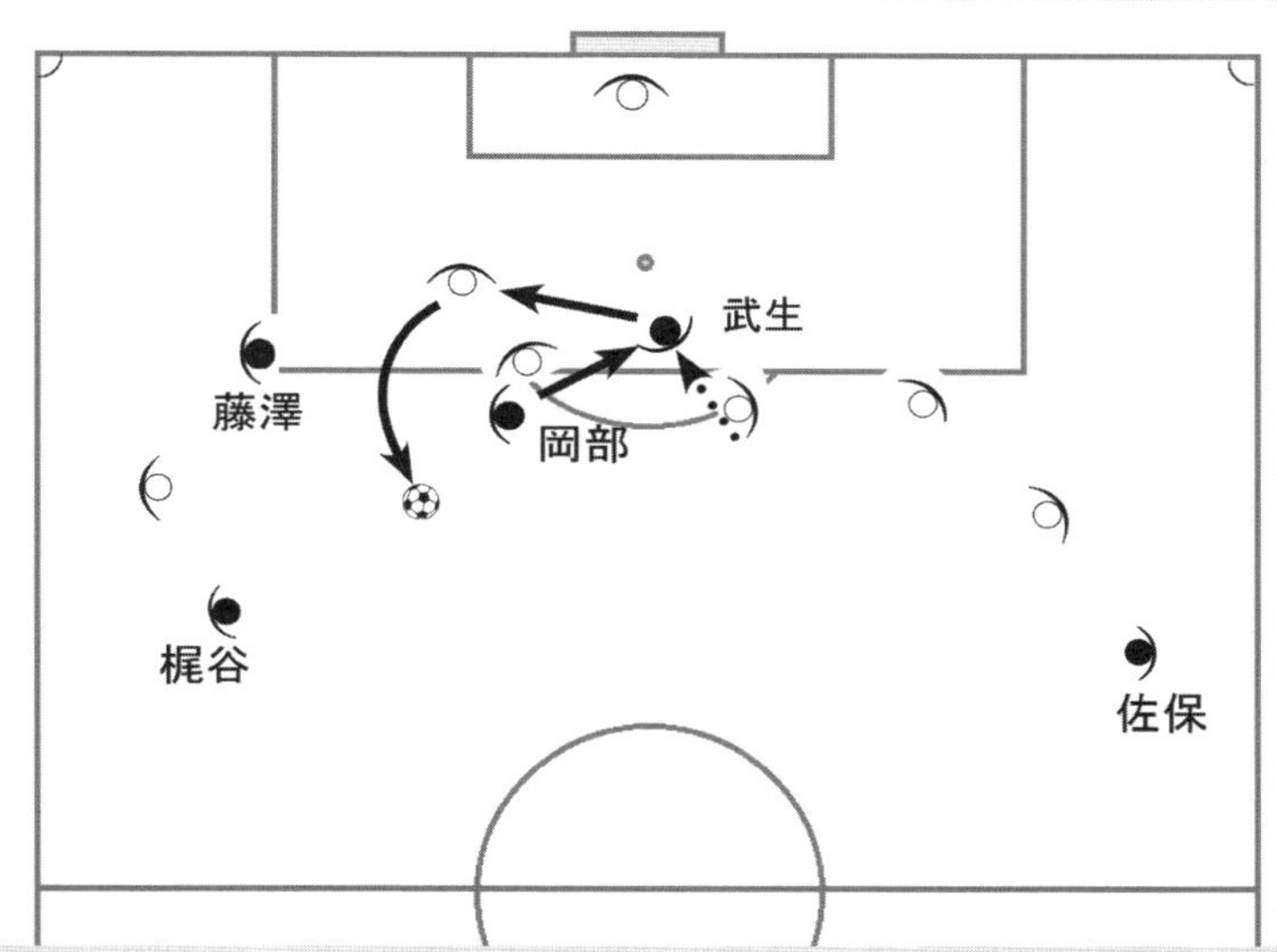

②馬場からのフィードを3トップ中央の岡部が落とし、同時に右にいた武生がウラを狙うが、これは相手CBと右SBにクリアされる。

と1対1になっている。1対1だと、攻撃を仕掛ける側のほうが先手を取れるぶん有利ですよね。

その状況を見て、馬場はゴール前にいた岡部へとフィードを送った。それを岡部がヘディングで落としたところへ右にいた武生が走り込んだんですが、武生のマークについていた相手センターバックに先に触られて、こぼれ球を相手の右サイドバックにクリアされてしまいます。

――ところがそのクリアボールがまた岡部くんの足元へ。

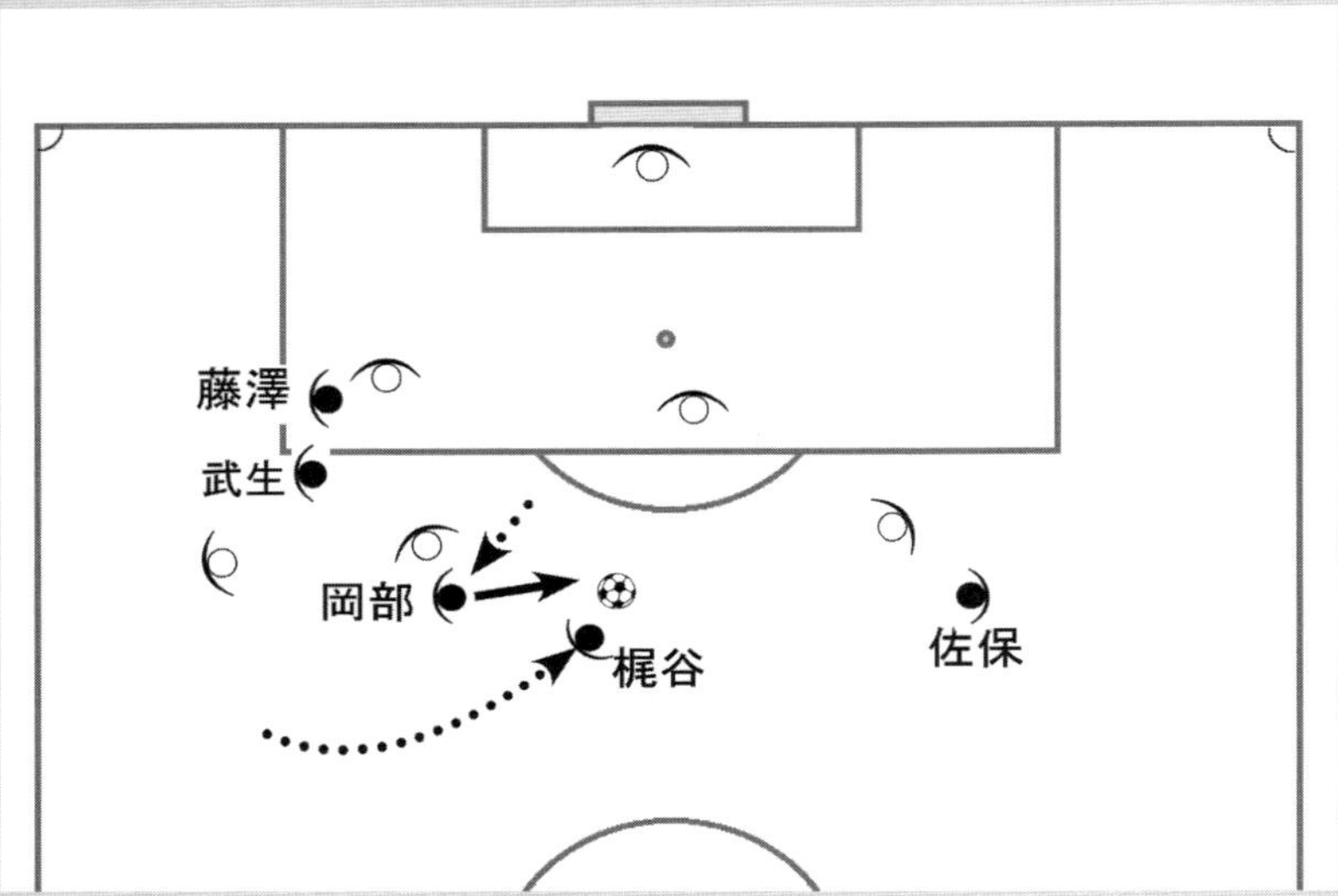

③相手のクリアしたボールを拾った岡部が、左サイドからスペースに走り込んだ梶谷へとパス。

こぼれてきたボールを拾った岡部は、左サイドから中へと入り込んでいた梶谷に渡します。梶谷は馬場がフィードを送ったとき、自分をケアしていた相手がゴール前の守備に戻ろうとしてマークが外れた隙に、様子を見ながら中央へ移動していました。逆サイドで張っている佐保が相手のマークを引きつけていたので、バイタルエリアのこのスペースが広々と空いていたんですね。

そして、ここが駆け引きのいちばんのポイントです。梶谷が正面でボ

④ゴール前正面のスペースでボールを受けた梶谷に対し、相手 DF はシュートを打たれないよう寄せてくる。
このとき右サイドでは佐保が、梶谷からのボールを受けやすい位置で待っている。梶谷は佐保とアイコンタクトを取り、佐保の足元にパスを出すふりをする。

ールを受けたので、相手はシュートを打たせまいとして梶谷の前をふさぎます。梶谷は右サイドに張っていた佐保とアイコンタクトを取り、佐保も足元でパスを受けるふりをする。それで梶谷のほうに意識が行っていた相手の左サイドハーフは、梶谷が佐保にパスを出すと思ったんですね。ゴール前のカバーに入ろうとしていたところから、佐保を抑えようとしてふたたび佐保に食いつく。梶谷はこの瞬間を待ってたんです。正面に寄せてきた相手と佐保に食いついた相手の間隙を通して、ウラの

⑤佐保にボールを受けさせまいと相手 SH が佐保に食いつく。
その瞬間を待っていた梶谷が、相手が佐保に食いついたことで生まれたウラのスペースにスルーパス。
マークを外してウラに抜け出した佐保はスルーパスを受け、ドリブルで持ち込んでシュートを放った。

【POINT 1】ゴール前の数的状況
馬場がフィードを入れるとき、ゴール前での数的状況を見極める。
ボールと逆サイドで佐保をマークしていた相手の左 SH が開きすぎているため､バイタルに広大なスペースができている。梶谷はそこへ侵入して攻めた。

【POINT 2】アイコンタクトとタイミング
中央へ入ってきた梶谷に DF の注意が引きつけられたとき、梶谷は右サイドに張っていた佐保とアイコンタクトして次の連係プレーを確認する。
梶谷は相手が佐保に十分に食いつくのを待ってからスルーパス。それと同時に佐保が走り出す。
このタイミングが合わなければ、一連は成功しない。

スペースにスルーパスを出す。佐保に食いついた相手が思わず振り返った瞬間に、佐保も相手の背後を突いて走り込み、完全にフリーでボールを受けるんです。

――テレビ中継で解説を担当していた都並敏史さんが思わず「上手い！」と声を上げたところですね。完全に相手をだましてる。

まあシュートはぎりぎりのところで相手にブロックされて、コーナーキックになるんですけどね。

でもこれは、相手を足止めさせたり食いつかせたりすることが出来てこその、一連のプレーです。ポジショニング、走り出したりパスを出したりするタイミング、相手をだます予備動作。これらが組織的に噛み合ったところへ、思いどおりにボールを操る足元の技術が備わって、そのすべてが上手く行かなくては、このような連係プレーは実現できないんです。

ポゼッションして崩した2015年

――センセーショナルだったベスト4の2011年から4年。同じ4―3―3なのに、見事に違うスタイルのサッカーになっていました。

この年は、フィジカル的には恵まれていないけれどインテリジェンスが高く足元も上手いという選手が多かったんです。2011年の選手たちのように長い距離を何度も上下動できる力はなかったし、長いボールを蹴るだけのキック力が乏しいから距離が離れると精度を欠くけど、短い距離ならばかなり正確にパスを出せる。それで時間をかけて、ポゼッションスタイルを浸透させていきました。

2011年とは違って、ボールを奪って攻撃に切り替わっても大きく開くのではなく、真ん中にぎゅっと集まってパスを回しながらゴールに迫っていく。ボールを出したらポジションを取り直し、また新しいパスコースをつくるという繰り返しで、短い距離をこまめ

2015年の基本フォーメーション

に走らせた。それが、彼らの長所を生かしつつ、リスクも少ないスタイルだったんです。

――最も特徴的に違っていたのはサイドバックのポジショニングでしょうか。2011年は左右のミッドフィルダーがワイドに張って上下動し、サイドバックはほとんど高い位置を取りませんでしたが、2015年のチームは左右のミッドフィルダーがぐっと中に絞り、両サイドバックが高い位置まで駆け上がって攻撃参加していました。

左右のミッドフィルダーとウイングを、コンパクトなボックスの形で中央に集めたんです。

そうすると、相手の中盤が真ん中で数的不利になるのを嫌って、サイドハーフが中に寄ってくる。そこでウチのサイドバックがフリーになれるから、高い位置を取れたんです。

それで中央の密集状態から高い位置を取ったサイドバックへとボールを出すと、今度は相手はボールサイドに集まってくる。そうすると逆に中央にスペースが生まれるから、そこを突くという狙いでした。

——このチームのキーマンは佐藤碧くんでしたね。４—３—３の中盤の右で、ポジション的には２０１１年の佐保くんと同じですが、タイプも役割もまるで違っていました。

そうですね。佐保はワイドに開いて長い距離を走るアタッカーを務めることが多かったのに対し、碧は中に絞ったままで、司令塔のような役割を果たすことが多かった。足元の技術もあって、サッカー的に良いセンスを持ったプレーヤーでしたね。

——サッカー的に良いセンスというのは。

空いているスペースを見たり、相手を出し抜くパスコースを選択したり、数的不利や数的同数の状況からちょっとドリブルで持ち出して数的優位の状況へと逆転させたり。そういうことが出来るんです。

——左ウイングの永松くんも、流動的に動きながらたくさんチャンスを作り出していましたね。そして神田くんは、以前見たときにはフォワードだったのに、アンカーにコンバートされていました。

永松も技術が高く、状況判断に長けた選手です。前線で起点になったり、自ら決定的な仕事をしたり出来る。守備に関してはあまり強くないけど、攻撃に絡むと面白くなる選手です。

神田は、膝を怪我していたこともあるんだけど。高さがあるから相手が長いボールを入れてきたときに空中戦で競り合えるし、プレーに安定感がある。守備面でも強いので、中盤の底に置いて左右にボールを散らす役割を託しました。

——興味深いのは、やりかたも見た印象も2011年とはまったく違うサッカーなのに、基本の考えかたは共通なんですよね。

そうですね。走る距離やパスの長さは違うけど、スペースをつくってそこを使うとか、数的優位をつくるとかいったサッカーの基本的なことは同じですね。相手をあざむくプレーをするとか。

ただ、一瞬で相手のウラを取るのが狙いだった2011年と、ポゼッションしながら相手を崩していく2015年とでは、試合の中で起きる現象が違うから、そこで求められる状況判断も自然と違うものになってきたんですけどね。

①セカンドボールの奪い合いで、山本、古田とヘディングでつなぎ、永松が足元で収める。

2015年第1回戦・矢板中央高校戦

――この試合でチームの戦術が最もぎゅっと詰まっていたシーンが22分の崩しだと思います。相手のほうが人数は多いのに、めまぐるしく動きながらボールを回し、最後にゴール前で相手の背後を取りました。

あれは面白いシーンでしたね。

最初に中盤の左の山本がセカンドボールを拾って、トップの古田がつないで前線で左ウイングの永松が足元で収める。

② 永松がドリブルで相手 DF を引きつけながら下がり、空いたスペースへ古田が入る。同時に山本が永松をサポートしに近づく。

永松はドリブルしながら相手のディフェンス2枚を引きつけて下がり、前にスペースをつくった。そのスペースに古田が走り込み、山本は永松のサポートに動く。

さらにサポートに上がってきた左サイドバック中島にボールを出すと、中島はワンタッチで山本へ。

――細かくパスを回すあいだに、相手が次第にボールウォッチャーになっていくのがわかります。何人もの意識が山本くんに集中していますね。

③永松は上がってきた中島にボールを出し、中島はワンタッチで山本へ。相手が山本に食いつく瞬間を待って、佐藤がDFラインの裏へと走り出す。相手の左SBは嶋津がボールホルダーの方を見たのに気付き、そちらのマークへと寄せる。

その背後で、中盤右の佐藤碧が相手のディフェンスラインのウラへ、するすると動き出します。一方、逆サイドでは右ウイングの嶋津がいかにもボールを受けそうな感じで山本を見る。これで相手の左サイドバックは嶋津にボールが渡らないよう、嶋津に寄っていきました。

でも山本は嶋津にはボールを出さない。自分を囲んでいる相手の間を通して、再び永松にパス。相手がいっせいに永松に食いつくと、それをサポートするように古田が下がり、今度は古田の空けたスペースに佐藤碧が走り込む

④山本は、食いついてきた相手たちの間を通して再び 永松へ。すると相手は 永松へ食いつく。同時に、相手の密集地帯へ 古田が下がり、空いたスペースへ 佐藤が走り込む。

んです。

――スペースメイクとそこへの走り込みが繰り返されていますね。

永松にボールを預けた山本が大外を回って前へ出ると、相手の注意は山本に引きつけられる。このとき佐藤碧は前線でフリーになっているんですが、前をふさがれてパスコースを切られている永松は、そのままパスを出さずにドリブルでちょっと持ち出して相手を剥がすんです。

そこに佐藤碧がパスを受けようと下

⑤ 山本は永松にボールを預けると大外を回って前線へ。相手の背後では佐藤が裏に抜けているが、前線へのパスコースを切られた永松はドリブルで相手をはがす。

がると、相手はパスを出させまいと引きつけられる。同時に嶋津がタイミングよく相手のウラに抜け、永松は佐藤碧をひとつ飛ばしてゴール前の嶋津にボールを送りました。

――残念ながらこれはきわどいタイミングでオフサイド判定だったんですが、嶋津くんがフリーでゴール前に入れた絶好機でした。

崩せていたんですけどね。上手くボールが通っていれば、嶋津が落としたボールを佐藤碧がシュートする形が出

⑥逆サイドでフリーになっていた嶋津は、永松の動きを見てきわどいタイミングで相手 DF ラインの裏へと走る。同時に佐藤が永松のパスを受けるフリをして相手の注意を引きつける。永松は 佐藤をひとつ飛ばして 嶋津へパス。残念ながら嶋津はオフサイドとなったが、プランでは 嶋津が落としたボールを 佐藤がシュートする予定だった。

来ていました。

――わずかな時間内で、めまぐるしくポジションチェンジしながら次々に新しい局面をつくっていく感じですね。

そうです。ただ味方とボールをやりとりするのではなく、相手が困るタイミングで相手が困るところにボールを運び、自分たちに有利な流れをつくり続けていく。それこそがポゼッションの意義であり、意味だと僕は思うんですよ。

バランスの保持――奥行きと幅

――ただ、スタイル変更したことで別な課題も生じたそうですね。

そうなんです。このチームは、ボールは結構上手く支配するんですが、スルーパスを入れて相手の背後を取ろうと狙う意識が少し低かった。真ん中を中心にパスを回して、結構相手を崩しはするんですが、いざクサビが入ってもまた後ろに戻してしまう。そしてまた回すやり直し。

これは２０１６年のチームにも共通していて、修正しなくてはならない課題です。

――どこで勝負を仕掛けるかがわからないんですね。

そう。それで新人戦の県予選では、回すばかりで何も前に進まずに相手に奪われて苦労していた。真ん中に固まってしまって、上手く行かない時間帯は。

そこからその県予選の準々決勝、準決勝、決勝と勝ち進むあいだにそれを修正したんです。

一般的に言われることですが、サッカーというのは、奥行きと幅。つまり、クサビを入れたり相手を誘い込んだりする前後の深さと、左右のサイドの幅を、全体のバランスを保持しながら取りましょうと。

で、ウチの場合は4―3―3というシステムの関係上、どうしても真ん中に中盤を多く置いていることによって、相手も中盤が中に入ってくる傾向がある。だから最終的には幅を使わないといけない。幅を使わず真ん中で回してばかりいると、結局相手に取られてしまう。

そこを修正したことで、新人戦は上手く行って、県予選で優勝できたんです。いまも引き続き修正しながらやっています。

Chapter 4　判 断

見るちから、
考えるちから

足はものを考えない

——先生はいつも「見ること」を説いていますね。

サッカーは目でするものですからね。ただ見るだけではなく、意識的に見ることが大事です。「見えていない」ということはとても怖いことなんですよ。たとえばこの部屋のなかを、目をつぶって歩いてごらんなさい。壁や机に当たってはいけませんよ。

——……怖いです。恐る恐るしか歩けません。

そうでしょう。じゃあ、こっちに来て。わたしはボールペンを持っている。これでいきなりあなたのオデコを叩くから、ボールペンが当たる前にオデコを手で守りなさい。

……そう。上手い上手い。ほら。僕の動きが見えているから、あなたも前もって動けるでしょ。見えているからこそ瞬時に対応できるんですよ。

――それが具体的にピッチに落とし込まれると……。

たとえば、味方の足元にボールを出すなら、軌道はストレートでいいでしょう。だけど、相手の死角となっているスペースにボールを出すときは、味方と相手がどこにいるかを見極めて瞬時に判断し、相手がボールに到達するまでの距離が遠くなる軌道で、カーブをかけたパスを送るほうがいい。状況が見えていなくては、そういう判断も出来ないでしょう。

サッカーは敵をあざむくスポーツだ

――瞬時に判断してプレーを選択する力がものを言うんですね。

サッカーというのは、相手をあざむくスポーツだからね。右にパスを出すふりをして相手に食いつかせておいてから、左に出すとかね。相手の体重が前にかかった瞬間に、かわして抜いたりパスを出したりもする。それは次のプレーを選択する判断のためなんですよ。

——単純に足が速いとか、切り返しが上手いだけでは抜けないんですね。

そのとおり。加速のタイミングが重要です。足が遅くてもそれはあんまり関係ない。タイミングを計って相手のリズムを崩すことがコツなんです。

——それは、パスでも同じですね。

パスを出すときに、味方がそばにいればシンプルにワンツーで、当てて走ればいい。だけど味方と離れている場合は、タメをつくって自分のところで相手を足止めしておいてから、タイミングを見計らって走り出すと効果的だったりする。味方や相手との距離によって判断しなくてはいけません。

――ボールそのもののスピードも求められますよね。

判断が素早くても、ボールスピードが遅かったら相手にカットされてしまいますからね。単純に考えれば、地面を転がるボールはスピードが出ない。だから速いパスを出そうと思ったら、インサイドでボールの重心より下を蹴る。ボールスピードが遅すぎれば相手に奪われるし、速すぎれば味方がトラップしにくい。場面に応じてスピードをコントロールすることが必要です。そこでも判断が必要になってきます。

試合は相手がいてボールがあってナンボ

――個の局面だけでなく、組織においても「見るちから」は必要ですね。

2015年にポゼッションサッカーをするなかで出た課題は、ボールは上手く支配しながらも、2011年のように背後を取るような、クサビやスルーパスを狙う意識が低いということ。結構回数多くボールを回して崩しても、結局、決め手になるパスを入れきれずにまた戻してしまったり。

ポゼッションサッカーというのは、自分たちに有利な流れを作るために意図的に場面を作っていくサッカーだと僕は思っています。ただ回す、苦しいから回すといった具合に延々と味方同士でやりとりするのではなくて、いつどこにボールを運んだら相手が困るかということ。それを考え続けるのが、ポゼッションの本当の味なんじゃないかと。

――もっと具体的に言うと、どのようなところで「見るちから」が求められるのですか。

選手たちはどうしてもボールに目が行きがちで、その次は相手よりも味方を見すぎてしまう傾向にある。味方に早く預けようとするんですね。ボールを回すために。だけど

サッカーにおける「見るちから」の大切さを力説する朴監督

相手が寄せてこないのなら、別に急いでワンタッチ、ツータッチでボールを動かす必要はないじゃないですか。リスクも大きくなるし。急ぐ場面ならともかくとしてね。だから相手を見ましょうと、彼らには強く言い続けているんです。

たとえば、深さを取る選手と幅を取る選手とそれをサポートする3人目の選手でトライアングルをつくったりダイヤモンド型を作ったりするんですが、そのときにそれぞれの距離を考えずにいると、その間隔が近すぎればボールは回るけれど前に進む人が少なくなってしまう。逆に遠すぎると移動に時間がかかって一人ぼっちになる時間が長くなるから、ワンタッチパスでテンポ良くつなげず、プレーがリンクされなくなって、コントロールする時間が長くなってしまう。丁度良い距離が保ててこそ、ワンタッチパスが可能で、いろんなパフォーマンスが出来る状況を作れるでしょう。

だから3人で関係を作るにあたって、3人目がどこに立てばいいか、どこまで寄るかとか。こっちには近づくけど、もう一方からは少し距離を取ったほうがいいとか。トライアングルをどういう形にしたらいいかといったことを考えなくてはなりません。味方と相手の状況を見ながら判断して、意図的にポジションを取っていく。まずはそれを理解してもらわないと、ただボールは回せるけど、結果として効果的にゴールに迫ることが出来ない。それじゃあ何のためにサッカーをやっているのかわかりませんよね。

トレーニングのときにはもちろん、シミュレーションはします。試合の場面を想定しながら、誰がどこにどういうポジションを取ればいいかという基本的なことはやる。だけどそのときは実際には相手はいない。結局は試合は、相手がいてボールがあってナンボやねっていうことなんですよ。その状況でどういう立ち位置を取るか。それがサッカーにとっては大事なことなんです。

単純に人が多いから数的優位というのではない。どこに動くか、どこに立つかによっては、全く優位にならない。的外れなところにいっぱい人がいても、役に立たないですからね。

みんな前からプレッシャーをかけようとかラインを上げようとかコンパクトにしよう、高い位置で奪えれば早く相手ゴールに迫ることが出来る、とか盛んに言うんだけれど、人数を揃えてもいない、ポジショニングもしっかり取れていないのに、プレッシャーをかけすぎて、結局は後ろのスペースを空けてしまう。いわゆる「飛び込む」というプレーですよね。そんな場面に表れるように、技術とか身体能力以前に、戦術の理解度が低いことは大きな課題です。最もミスが多いのは、連係プレーをしなくてはならないのに、数的優位になっていないにもかかわらず単独行動でボール際に飛び込んでしまったりするケース。その部分の指導が最も足りていないのではないかと僕は思います。

みんなドリブルも上手いしパスも上手い。良いと思いますよ、器用で。だけど試合の運営術は、もっと質を高めないといけないと感じます。

少し話はそれるけど、ゴール前で自分で勝負せず味方にチャンスを譲ってしまう場面もよく見られる。フリーの味方に出す判断もいいけれど、もっと己を出してほしいとも思いますね。

ドリブルは相手を困らせる持ち方

——パスを出すか、ドリブルで仕掛けるかも判断のしどころです。

ボールを運ぶなら、ドリブルよりも絶対にパスのほうが速い。いや、もちろんドリブルでボールを運ぶこともありますよ。それこそ七〇年代や八〇年代のドリブルは、人を抜くテクニックだった。でも僕は、現代サッカーでのドリブルというのは、相手を困らせる持ち方だと解釈しています。

たとえば、佐藤碧のことなんだけど。

——2015年の選手権全国大会で中盤の右を務めた選手ですね。

そう。碧は試合中に、相手と同数になって苦しくなった場面で、回すばかりの状態から持ち出すテクニックがあった。たとえばボールを回そうとするときに、相手が寄ってきて、同数や数的不利の状況を作られたとする。そこで回しても、ミスしていつか取られてしまう。そういうとき、マッチアップした瞬間に、碧はパスを出すのではなく、空いたスペースにボールをスッと持ち出すんです。相手をふっと外すことが出来る。そうやって相手をかわしていくことによって、数的不利を同数にしたりすると、またそこにアプローチに来る相手がいるから、そのぶんまたフリーになる味方を作ることが出来る。

――不利な状況を有利な状況に引っくり返すという、数的優位の作りかたのところでおっしゃっていたことですね。

そうです。ボールポゼッションしながら単純に人数をかけて数的優位を作るというのは、難しいと思うんですよね。ボールを運べる選手がいたほうがいい。完全に同数か相手のほうが多いのに、ボールを受けて一人、二人をかわすか抜くかで状況を同数にしたり数的優位にしたり出来る。ドリブルすることによって、仕掛けるんじゃなくて、数的優位を作るために持ち出して、相手を修正させてしまうような選手がね。そしてそれをするにも、足元のテクニックだけでなく、状況を見て判断するちからが必要なんですよ。

——ドリブルにもいろんな目的があるんですね。

僕は大体ゾーンで分けて選手たちに話をしています。サッカーではピッチを3分割して、自陣から順にディフェンシングサード、ミドルサード、アタッキングサードと呼ぶでしょう。

最もリスクを負ってはならないディフェンシングサードでは、ドリブルで抜こうとするなんてもってのほかですよね。失敗して奪われたらあっというまにゴールに迫られてしまう。キープするのも、そんなことをしている間に相手に寄せられてしまうから危ない。あのゾーンでは、寄せてきた相手をかわすためのドリブルが有効です。相手をそらすためにちょっと切り返すという感じ。

逆に最もリスクを冒してでも攻めなくてはならないのが、最も相手ゴールに近いアタッキングサード。ここでは相手を抜くチャレンジをしてほしい。

その中間のミドルサードでは、状況に応じて両方を使い分ける感じですね。僕のイメージでは、かわすドリブルが６割、抜くドリブルが４割といった感じかな。

読まれても良し、だけど間に合わせない

――攻撃のほうが、守備よりも先手を取って状況を変えやすいですよね。

攻撃は上手にボールを動かすことによって相手ディフェンスを動かすことが出来ますからね。縦に入れて相手を集め、幅を使って散らばらせる。それを繰り返していくと、相手はわかっていながら間に合わなくなるから。

だから守備のときには必ず相手より数的優位にならないと危ないですよね。同数でも

危ないし、枚数が足りなければ間違いなく破られる可能性が高い。

サッカーでよく言う「見る」「判断する」「アクションを起こす」というサイクルがあるでしょう。守備のとき選手は、ほぼこのサイクルを繰り返して動いている。だけど攻撃は、基本的にはそのベースで行くんだけれど、良い選手は「見る」からいきなり「アクション」に行ったりする。本能的に判断するというか、反射的に感覚でプレーするんですね。そういうのがあるから、守備側は有利じゃないんですよ。

——守備は、相手の動きを見て、考えて、合わせて動く。だから遅れるんですね。

そう。攻撃は先手を取って動けるぶんだけ早い。だから守備のときこそ、攻撃のとき以上に正しいポジショニングと体の向きが必要になる。現代サッカーは「見る、判断する、アクションを起こす」ではなく、「見る」の中に「判断する」も含まれないと間に合わなくなってしまうというのが僕の考えです。

石が飛んできたときに「避けよう」と考えてから体をかがめるのではなくて、石が飛んでくるのが見えた時点で避ける態勢にならないと危ないでしょう。「あ、飛んでくる。左から来てるから右に行かなきゃ」と考えているうちに当たってしまう。
ボールが遅かったらそれでもいいですよ。でも、速いスピードでボールが来たら対応できない。そういうところを考えたら、やっぱり「見る」段階で「判断する」も一体になっていないと、優秀な攻撃を食い止めることは出来ないんじゃないかと思います。

――逆に言えば、守備側に時間を与えずに攻めれば最強ということですか。

いちばん良いのは、どういうふうに攻めていくかが相手には予想もつかないというのが最高です。だけど大体はわかるんですよ、映像を録ったりフォーメーションをいろいろ当てはめてみたりしてみんな研究するから。でも、わかっていても間に合わないという状況はつくれる。そしてそこを突いて得点できる。
つまり、読まれても良し。だけど間に合わせない。それが現代サッカーですね。それをするためには戦術も必要なんだけど、ひとりひとりのスキルがものを言う。まずボールスピードが相手よりも上回らなくてはならない。

ときには長い、ときには短いパスでポゼッションしながら自由自在、意図どおりに攻めていくために、チームでも個人でも日頃からスキルを磨く。それが最終的に、ひとつの戦術へと昇華していくんです。

Chapter 5　組織

選手＝素材を
最大限に生かす

チームはオーケストラだ

——サッカーでの組織づくりにおいて最も重要なのはなんでしょう。

僕はよくサッカーを、いろんな面で、音楽に喩《たと》えて考えます。ハーモニーが大事だということでね。

チーム編成はオーケストラ。走るのが速い選手がいたり遅い選手がいたり。背の高い選手がいたり低い選手がいたりする。それはいろんな楽器があるのと似ているでしょう。低い音域があるから高い音色が映えるように、補欠の支えがあって、主力が強くなるのも同じ。

戦術だって、実に音楽的ですよ。

——戦術も？

そう。「戦術」っていうのは、もともとは軍隊の概念ですよね。いわゆる「孫氏の兵法」とかいう兵法もそうです。相手をよく知り、その長所を潰して弱点を突く。攻めてみてダメだったら一旦引く、それもひとつの技術でしょう。

そんな感じで緩急や強弱をつける。ここは一気にティンパニで攻めようとか、いまはちょっとフルートで安らぎの時間帯をつくろうとか。いつボールを前に運ぶかというのは、地のメロディーがあって、サビで盛り上がって、という感じで。だからサッカーの監督は、オーケストラで言えば指揮者です。

別の喩えをするなら、選手という食材を美味しい料理に仕立てるシェフといったところでしょうか。戦術はスパイスです。限られた素材をそのまま食べるのでは変化がなくてすぐに飽きてしまうけど、味付けを変えればそれはいろんな料理になる。塩と胡椒で焼くだけだったものを、角煮にしたりプルコギにしたり。ハンバーガーなら、パンとハンバーグは一定だけど、一緒にはさむものやソースで違う味になるでしょう。

選手のことを考えたら、チャレンジする勇気は必要だから失敗もありかなと思う。そのときは失敗でもいずれ良い味になるかもしれないし、そのうち大ブレイクするかもしれない。

だけど、シェフが味付けを間違えたら最悪です。ニンジン一本まるごと焼いてハチミツかけて、といったことをしても、さすがに美味しくはならない（笑）。自由とは言っても、基本はありますから。

本能的なクセを生かせばポテンシャルを引き出せる

——ときにはフォワードの選手を中盤の底に置いたり最終ラインに置いたりもしています。それで、組織の中でその個性が生きている。これまでの「本職」にこだわらずポジションを決めていくポイントは、どこにあるのですか。

背が高いとか走るのが速いとか足元の技術があるとか、もちろん利き足も含めたプレーヤーの特長を見るというのもひとつですが、僕が最も見きわめたいのは、それぞれのプレーヤーの「良いクセ」。いわば、本能的なクセですね。
たとえば、食べるときに左右どちらの歯で噛んでいるか。あまり意識したことはないでしょう。そりゃあ両方の歯でバランス良く噛むほうが肩も凝らないし頭痛を引き起こしたりもしないんだけど。でも、人っていうのは意識せずにいると、自然とどちらかに偏ってしまっていることが多い。
サッカー選手もそうなんです。何の指示もせず自然にまかせてプレーさせてみると、ふらふらと右に寄っていったり左に行きがちになったり。前に出るのが好きな選手もいれば、どんどん後ろに下がってくる選手もいる。それは彼らのそれぞれの無意識的な動きです。つまり、本能でやっているプレーですね。

――確かに、プレースタイルを特徴づける最初の段階はそこかもしれませんね。

そう。これがゴールデンエイジのような成長期で、これからスタイルやタイプを育てていく年代に対してならば、不得意なところを重点的にトレーニングするのも効果的ですが、高校生ともなると、すでにひとりひとりがある程度の「型」を持っている。その「型」をいかに生かしていくかが大事なんです。

たとえば身長の低い選手に「お前は身長の高い選手との空中戦で競り負けるから、勝てるようになるために一所懸命ジャンプの練習をしろ」なんて言ってもナンセンスでしょう。それよりも「勝ってマイボールにしなくてもいいから、相手に少しでも良い体勢でヘディングさせないように、タイミングよく跳んで体を当ててバランスを崩させろ」という指導のほうがいい。あるいは、その選手にはセカンドボールの処理を担当させて、ボールの軌道を読み、すぐに反応できるようなポジションを取らせる。小柄なほど短距離を素早く動けたりするから。

大半の指導者はセットプレーで背の低い選手を背の高い相手と競らせるときに、複数人で相手を囲めと指導するし、それもひとつの策だけれども、僕は違います。普通に競ったら10本中8本は背の高い相手にヘディングされてしまうなかで、対策はふたつ。ひとつは、体を当ててバランスを崩させること。もうひとつは、スペースや次にボールを受けそうな相手を見きわめて素早くプレッシングに行き、コントロールさせないようにすること。ただ背の高い相手を囲むのではなくね。これは味方のゴールキーパーがハイボール処理が得意かどうかによっても、選択肢が変わってくることです。

あたりまえの話のようだけど、体の大きなセンターフォワードがいて、8割はその子がヘディングして点を取っているというチームと対戦する前に、多くの指導者が対策として考えるのが、大きい相手をどうやって潰すかということ。でも僕は、バランスを崩す、セカンドボールを処理するといったこともやるけれど、本当の勝負は、ボールが到達したときの話よりも前の段階だと思っています。大きい相手に良いボールが来ないかぎり、彼にヘディングをするチャンスはない。球際の戦術を高めることによって、良いタイミングで良いボールがセンターフォワードに入らないようにする。もとの部分から対策するんです。

そんなふうに、それぞれの特徴のなかで自然に出てくるプレーを、その選手の最も得意とする形につなげていく。それを引き出して生かすことが、組織の力になっていくんです。サッカーでは「見て、考えて、判断して、行動に移すことが大事」だとよく言われるけど、世界トップクラスで活躍している選手を見ていると、僕にはどうしても彼らは「考える」段階をすっ飛ばして本能的に判断しているように見えてしまう。それだけ自然体でプレーしているのかなと。

一流プレーヤーを見ていても、「大体はこうするだろう」という考えを裏切るような、「この人はボールを持ったらどういう動きをしてどこに出すかわからないな」というプレーをする選手がいるじゃないですか。ああいう選手がいるチームは防ぎにくいですよね。そういうチームはいま、世界中に数えるくらいしかないと思うけど。

だから、ある程度は理論的に教えることも必要だけど、やっぱり本来は、選手たちの本能的なプレーを日頃のトレーニングのベースとして取り入れて、選手個々のスキル、クオリティーの高い技術を応用できるようにしてほしい。そういうものを持っている11人を鍛えることによって、試合の中でそれが良いハーモニーを奏でたら、それもひとつの結実なんです。監督がつくった大枠の中で選手たちがのびのびと組み立てるサッカーというのは、その組み合わせでしか生まれてこないものですよね。

まずは出来ることを究めさせる

――でも、そこまでのスキルを持っている選手なんて、そうそういないでしょう。

ウチの選手たちは器用じゃない。僕は1個しか持ってない子に2個、3個を要求しません。持っている1個をきちんと出来るようになれと言います。それは大事な1個なんです。すると、試合の中で2個、3個が出てきたりするんですよね。だからつねづね「自分の得意なことを伸ばせ」と選手たちに伝えています。

――2個や3個はどんなふうに出てくるんですか。

たとえば梶谷という選手は、よくしなる身体を持っている。だけど少し線が細い。だから人と接触せず、オフ・ザ・ボールにおいてどうすれば相手の視野から消えて良い状態でボールを持てるかという動きを指導するんです。そうすることで彼は自分の身体的なハンディキャップを克服できる。大きな相手が来ても、いつも圧迫された状態でボールを受けずに済むようになる。

それが出来はじめたら、今度は体のしなりを生かしたプレーに入る。ボールを受けてドリブルをする、あるいは周囲を生かしていく。相手から逃れて良い状態でボールを受けることが出来れば、今度はドリブルが映えてくる。

でもいくらオフ・ザ・ボールの動きを鍛えても、試合の中では必ず圧迫されるときが出てくる。そうなったら今度は、どういうふうに周囲を使い周囲に使われるかを考えましょうと。高い位置にいるときと低い位置にいるときで、それは変わってきます。低い位置にいたら人を使う。高い位置にいるときは人から使われる。そういう技術を身につけさせるんです。

もっと単純な話をすれば、佐保のように足が速い選手には、まずは自分のスピードを生かせるボールの受けかたをトレーニングしなさいと言う。下がってボールを受けて、ボールが来たらこうしなさいああしなさい、ということは最初からは言わない。最初の段階が出来るようになったら、次は相手の背後へと走り出すことを教える。でも相手がそれに慣れて対策してくるようになったら、今度は下がってボールを受ける技術がないといけない。

そんなふうに、まずは出来ることを究めさせる。そうすると喜びもあるけど、やがて壁にぶつかるときが出てくる。そうなったら、それまでは選択肢になかった技術を教えていく。ドリブルもして前にも走って配球もしてという要求は、最初からはしないんです。走れる選手には、じゃあどうすればその走りを生かせるかということを、まず求める。走れるようになったら、サッカーは走るだけでは成り立たないから、どこでボールを受けて自分の走りを生かすかを考えさせる。

だから、1個をきちんと出来るようになれというのは、足が速いから走るだけ、ドリブルが上手いからドリブルだけという考えかたではないんですよ。そこから生まれる「壁」が、次へのステップになるんです。

人は、良くないところがあるとしたら、そこばかり見てしまう。成功したときの喜びを考えるのではなく、もし上手く行かなかったらいけないからこういう手を打っておこうと考える。先にその対策から入る。現状を変えることに対しても怖がる。それで良くならなかったらどうしようと怖れて、いまの状態を維持したい。

かつては僕にもそういうところがあって、良くないところばかり見てしまったときもあった。その選手の良いところを伸ばしてやろうと考える以前に、出来ないところをどうやって修正してやろうかと考えていたんです。でも、よく考えたらそれは逆だとわかった。人間は、良いところをもっと良くしていくと、悪いところも自然に引き上げられて消えていくんです。悪いところを良くさせようとしてそこにずっと集中すると、良いところもすべて消えてしまうようだ。欠点を修正したと思ったときには、その選手の長所も消えてしまって安全パイなプレーヤーに過ぎなくなっていたりする。ミスせず無難にこなすだけでアイデンティティーがない。そういう選手はプロ選手にはなれないですよね。

だから選手たちに指導するときは、悪いところは控えめに見ようと思っています。そして得意とするところをもっと伸ばしてあげようと。いまプロで活躍しているプレーヤーは、アイデンティティーを持っていて、それが生かされていますよね。普通というレベルではプロでは成功できない。ただ「上手いね」と言われるには言われるかもしれないけど。

必要だから禁止する

——子供の頃からドリブルが得意だった梶谷くんに、一時期、ドリブルをするなと言っていたと聞きました。どんな狙いがあったのですか。

確かに彼に「ドリブルするな、ワンタッチやツータッチでボールを動かせ」とプレーを制限して練習させた時期がありました。あなたは何故だと思いますか。

——もっと周囲を見る習慣をつけさせようということですか。

タッチ数を少なくすれば早目に周囲を見る能力を高めることにつながるし、ファーストタッチですべてが決まるからそのトレーニングにもなる。球離れが良くなればチームのテンポも良くなる。そういったことももちろんあります。でも、僕の本当の狙いはそこじゃない。

あの時期に梶谷に厳しくドリブルを禁止したのは、逆に、サッカーはドリブルがないと絶対に成り立たないんだ、というふうに思わせたかったんです。

ワンタッチ、ツータッチでボールを回していたほうが、自分がボールを受けたときにドリブルするチャンスが出来やすい。でもドリブルばかりすると、逆にドリブルのチャンスは少なくなってしまう。ボールを持ったら相手がいっぱい寄せてくるから。だから一旦ボールを離して、次にフリーで受けられる状態をつくってからドリブルしたほうが効果的です。ドリブルは敵を食いつかせているからこそ必要なんであって、敵が目の前にいなかったら、かわしたり抜いたりキープしたりする必要はないですから。

僕は梶谷に、ドリブルの本当の意味を教えたかったんです。細いけどしなやかな体を持っていて将来性のある子だと思っていたので、そういうところを改革してやらないと、ドリブルばっかりして終わってしまうから。

ドリブルの上手い選手は何人でも敵をかわせるし、いくらでもボールが持てる。でも僕の考えるドリブルはそういうイメージじゃない。敵をかわすための技術ではなく、ボールポゼッションをする中で、フリーな状態でボールを受けてゴールに近寄るための技術なんです。

でも梶谷は人を抜こう人を抜こうとしてドリブルしていたから、一時的にドリブルを禁止した。いや、もちろんドリブルは必要なんですよ。だからこそワンタッチ、ツータッチでのみプレーさせると、ドリブルの必要性が余計にわかる。それで実際の試合になったとき「行け！」と言ったら、フリーになった状態でボールを受けて、相手をかわす必要なく一直線に、素早く相手ゴールに近寄れるんですね。

——逆にパスを禁止したケースはあるんですか。

ありますよ。2015年、2016年のチームでは永松がパスばかりするのでよく言っていました。最近はポゼッションサッカーが流行っているから、ボールを受けたら無条件にパスしようとする選手が多いんです。相手と同数なのにずっとパスを回していたら、永遠に同数のままですよ。ワンツーとかスイッチとかクロスオーバーとかウラを取るとかして相手の背後に進めばいいんだけど、相手がしっかり守っているエリアの中でボールを回しても、何も打開できない。パス数が多くなればなるほどミスする可能性も高くなる。だから同数の状況を変えるために、ポゼッションのセオリーを崩さなきゃいけない。そのために打開するドリブルが必要になる。足技で惑わせて相手を置き去りにすれば、数的優位の状況がつくれる。

それに、パスだけで相手を崩すためには、オフ・ザ・ボールのトレーニングが余程出来ていないと難しい。パスを受ける人は二度と同じ場所で受けない。パスを出す人も二度と同じ場所に出さない。それくらいの意識が必要になる。それを組織で出来るようにするのはとても難しいから、そういう場合にはドリブルはある意味、手っ取り早い技術なんですよね。

個性を生かせば麦で鯛が釣れる

――近年は選手を集めるのにも苦労していたと聞いています。

このあたりでは、能力の高い選手はJクラブのアカデミーに入ったり公立高校に進学したりしてしまいますからね。スポーツ推薦入学制度が導入されてからは、さらにその傾向が強くなってしまった。そのうえ向こうは補助金まで出るんですからね。だからはっきり言ってしまえば、ウチに来てくれるのは二番手の選手が多いんですよ。全国ベスト4を勝ち取ったメンバーの中にも、県のトレセンに選ばれた選手は2、3人いたかどうかくらい。2015年のメンバーから大学のサッカー部に進学したのは1人だけでしたし。

でも、たとえ2流、3流でも、磨けばモノになる原石を集めてるんです。ひとりひとりの個性を磨いて、いままで満足にプレーできていなかった選手を「咲かせる」のが僕たち指導者の役目ですからね。

――そんなふうに個性を生かして組織にすれば、サッカーは面白いように強くなるんですね。

スーパースターがいるわけじゃないし、エリートでもない「雑草軍団」と呼ばれたこともあります。僕だって、日本のサッカーのレベルを上げるなんていう器の大きな指導者じゃない。丼じゃなくてお茶碗くらいの存在です。でもそのお茶碗は、いいものを入れるお茶碗にならなければと思っています。

そんな選手と指導者が理解しあって、勝つ。「海老で鯛を釣る」なんてもんじゃない。麦で鯛を釣るようなもんですよ（笑）。鯛を釣り上げる麦なんだから、すごいでしょう。

――麦（笑）。じゃあ2011年の選手権全国大会は、お茶碗一杯の麦飯が、見た人たちに勇気を与えたわけですね。

ウチみたいなチームがこんなショボい監督でも全国ベスト4まで行けるんだよ、というメッセージは、大いに送れたんじゃないかと思います（笑）。

そのおかげで「ベスト4の学校でサッカーをしたい」という中学生や保護者の方々がたくさん練習を見に来てくれました。そのときグラウンドで練習していたのは新チームのパスサッカーで、全国ベスト4になったときのサッカーとはまるで違うスタイルだったんですが、「これも面白いサッカーだね」ということで入学希望者が増えたんです。ちょっと皮肉な気もしますけど、選手が集まってくれて良かったです（笑）。

たとえばボランチの選び方

――2015年選手権全国大会の矢板中央戦では、フォワード登録の神田くんを中盤の底に置きました。その狙いは。

いろいろあるけど、相手が前線にロングフィードを入れてくるチームだったので、空中戦で競り合う高さが欲しかったのがひとつ。

それから神田はボランチをやるとき、ボールを受けたら縦に素早く入れるよりも、左からのボールを右へ、右からのボールを左へと、ゆったりと散らしたいスタイルでしょう。彼は手足も長いけど気も長い(笑)。蹴って走って頑張るチームと対戦するときは、神田のように幅を使ってくれるタイプのほうが、相手が頑張りにくくなるんですね。

――その神田くんを、2016年の新人戦では最終ラインで起用し、それまで前で使っていた永松くんをボランチに下げていましたね。

永松は、どちらかというと守備よりも攻撃が得意な選手でしょう。相手に攻められると置き去りにされたりもする。でもこちらが攻めるときにポジションを取るのが上手なんです。上がって受けるか、待って受けるか、下がって受けるかといった選択がすごく良い。それまでは永松は中盤のキーマンでした。点を取りにいく、前で仕掛けるという感じで。でも新人戦でボランチに置いたのは、佐藤碧と下田和輝が卒業して、それに替わる選手がいなかったからです。

――2015年のチームはほとんど2年生で、3年生は碧くんと下田くんと三浦くんの三人だけでしたもんね。でも彼らの存在感は大きかったから、単純に彼らの抜けたところに他の選手を補充するというだけでは補えなかったんですね。

そう。下田は「あ、やられた」と思ったときでも、スピードがあったから間に合っていた。下田とセンターバックを組んでいた佐藤大地は2016年もレギュラーなんだけど、彼と誰を組ませようかと考えたときにセンターバックを見ると、どちらかというとディフェンスのみでボールポゼッションも得意じゃないという、似たようなタイプしかいない。だから神田を相方に入れたんです。神田はボールを散らせるからね。で、佐藤や神田の最終ラインからビルドアップするときに、中盤でボールを収めることの出来る、碧に替わる選手は誰か。それが永松なんです。受け方も上手で、一度ボールが入ったらほとんど失わない。だからこのセンターバック2人に永松のボランチを合わせることで、バランスも良くなるし、後ろからボールが回るようになるんです。

発想と思考力で人間はつながっている

――そういういろんな個性を組み合わせるのって難しくないんですか。

それは難しいですよ。人は人と共同作業が出来る生き物なんだけど、連係したり連動したりするためにはリンクしていかなくてはならない。それは技術的なものだけでなく、心のリンクもです。互いにわかりあっているチームづくりをしなくてはなりません。ボールと足首はものを考えないですから。発想と思考力で人間はつながっているんです。だから日々、トレーニングするんですね。なんのためにトレーニングするかと言ったら、勝つため。言い換えればパフォーマンスをより確実にするためです。

陸上の走る競技で、A、B、Cの3人がいて、Aの走るタイムが11秒ちょうど、Bのタイムは11・75秒、Cのタイムは9・38秒だとすると、やっぱりCが勝つ確率が高いでしょう。だけどサッカーは足が速いだけではダメ。ボールを扱う技術があって、相手の状態を見ることが出来、味方の状況を見ることが出来て、自分がどうするかを決めなくてはならない。そしてそれらの能力において優秀であったとしても、それを味方たちに伝えるコミュニケーション能力が備わっていなくては、周囲と連動できないんです。

サッカーは組織でやるスポーツだから、チームとしてコンセプトがひとつにならないと、やりたいことを表現することは出来ない。やりたいことをやりたいようにやるため、個性と個性の呼吸を合わせてコンセプトをひとつにするために、トレーニングをして、勝利のパーセンテージを高めていくんですよ。

そしてそのためには、ひとりひとりの能力のランクも見きわめておかなくてはならない。そういうことなんです。

馬場は50メートルも走らなくていい

――そういった戦術を、実際にはどういうトレーニングで浸透させていくのでしょうか。

11人でのフォーメーション練習を頻繁にする時期もあるけど、その前段階として、パーツを切り取って行う練習も多いです。全体のシステムを完成させるために、まず左サイド、とか真ん中の部分、とか。

２０１１年のチームでは、何メートルを何秒で何周、何本走るといったオーソドックスなインターバルよりも、戦術的なランニングを多くやりました。マーカーを置いて、実戦での動きをイメージしながらそのとおりに走らせた。実際の試合のときにその選手が最もたくさん動く距離と場所をね。

たとえばサイドバックの馬場には、あまり高い位置まで上がらせない戦術を取っていた。だから馬場が実際に試合で走る距離以上に走る練習をする必要はないと、僕は考えたんです。中盤の梶谷については、守備のときアンカーの上野がボールサイドに寄ったときに中盤の底の位置までスライドしてくるけど、最終ラインまで下がることはない。攻撃のときにはゴール前まで走る。だから梶谷が走る必要がある距離は、その範囲なんです。それ以上は必要ない。

試合の中で30メートル以内の動きを求められる選手には、30メートル以内のインターバルを多くする。40メートルや50メートルを走らせる必要はないんです。

――ポジションによってひとりひとり設定していたんですか。

そうです。戦術の中で求められる役割によって、走る距離も時間も違いますから。だから馬場と梶谷に同じように走らせることはしない。グラウンドにマーカーやラインでしるしをつけて、実際の試合で動く位置や方向のとおりに、インターバル走をやらせていました。まっすぐ走らせるだけじゃないですよ。ボールの動きによって、サイドステップやバックステップ、ターンも出てくる。そうすることでフィジカルを鍛えるのと同時に、戦術も身に沁み込んでいくんです。

その失敗をもう一度やれますか

――ゲーム形式のトレーニング中に、プレーを止めて指示しますよね。普通は修正して終わりですが、修正したあとにもう一度、失敗したプレーをやらせていました。その意図は。

失敗したプレーを何故もう一度やらせてみるか。

「お前、いまどういうふうにやったかもう一度やってみなさい」と言ったとき、選手が覚えていないんです。失敗したことに対して記憶があるということは、それなりにヴィジョンを持ってプレーした結果の失敗ですよね。だけど大抵は何も考えずにプレーして失敗している。だからもう一回やれと言っても出来ない。

紅白戦を途中で止めて、攻撃側を指導しているときに、もう一度さっきと同じことをやらせようと思っても、守備側の選手までほんの少し前にやったのと同じポジションを取ることが出来ない。なんとなくディフェンスしていたから。それで「お前それじゃあさっきのシーンが再現できないじゃないか」と僕に怒られる（笑）。

何回かそういうことを繰り返すうちに、選手たちも「また再現させられるんじゃないか」と警戒して、意識的、意図的にプレーするようになるんです。

失敗したときだけじゃないですよ。ゴールを決めて、僕が「いいねー」と親指を立てて、あとから「あのときどういうふうな狙いでどうやってシュートしたの」と訊ねたら、ちゃんと答えられる選手もいるけど、たまに「ボールが来たから蹴りました」みたいな子もいますからね（笑）。

インターハイバージョンと選手権バージョン

――よくシーズンの途中でシステムを変えますよね。2011年も2015年も、最初は4―4―2でした。

僕は毎年、インターハイのバージョンと選手権のバージョンと、2通りのシステムでプレーさせています。シーズン最初のシステムはインターハイまでで終わらせるという考えで、毎年スタートするんです。最初から3バックにしたい、4バックにしたいといった感じでやっていくのではなく、新チームを立ち上げたら、まずはアジリティー、ボールを扱うスキルの練習と切り取ってトレーニングする。そこから次第に広げてチーム戦術をつくりあげていきます。

だから毎年、最終的に2通りのシステムを使い分けるチームになります。相手はウチがどちらで行くかわからない。前の試合の映像を見て準備して、いざ試合に臨んでみたら、システムもメンバーも違っていたりする。それで相手はパニックになって、そこでもうダメになってしまうケースも実際にあります。

キックオフのときは前の試合のとおりにスタートして安心させておいて、すぐに指示を出してさりげなく立ち位置を変えさせることもあります。相手は流れの中で「あれ、合わないじゃないか」と慌てはじめる。ひとつのシステムへの対策しかしていないから、一度崩れたらもう修正できないんです。

こんなふうに2つのシステムを使いこなすためには、選手ひとりひとりが、2通りのフォーメーション、2通りのシステムを理解していなくてはなりません。だからウチの選手たちはふたつ以上のポジションが出来るようになる。ひとつしか出来ない選手は少ないんです。普段からそういうふうにやっています。

Chapter 6 信頼

相手にわかるように

選手の状態をよく見る

――練習中にはかなり厳しく叱っていることもありますが、教え子たちからの信頼は厚いですね。

彼らがサッカー部じゃなかったら、こんなに厳しくする必要はないんですけどね。僕もグラウンドでは余裕がなくて感情的になってしまうことがあるから、そんな日はフォローしようと思って、夜になってから家に電話をかけるんですよ。「今日は俺、みんなの前でお前のこと怒りすぎたよな。でも今日のお前は簡単にあきらめてしまって、お前らしくなかったぞ。お前らしいお前がいるからこそチームが成り立つんだ」っていうことを伝えたくて。

――そういえば、練習試合の内容が悪くてめちゃくちゃ怒った日の夜、選手全員にひとりひとり電話したという話を聞いたことがあります。

そうそう。あの夜はちょうどこれから食事だというときに電話をかけはじめてしまって、全員への電話を終えるのに1時間もかかって、結局、食事を摂りそこなってしまったんですよね（笑）。

――ハーフタイムにきつく叱られて涙目になった選手に、ロッカールームからピッチに出るまで肩を抱いて一緒に歩きながら、もう一度やるべきことを整理して話して聞かせたこともあるとか。

ああ、いつかの県大会の決勝のときですかね。

僕は叱るときは結構厳しく指摘するけど、必ず「いまのようなクオリティーの低いプレーは君らしくない。君らしいプレーをしなきゃ」という表現を使うようにしているんです。あるいは「君がしっかりしないと、誰がチームを引っ張ってくれるんだ」といったふうに、ひとりひとりのチームの中での必要性や存在感を認識させる。そのうえでサッカー的なことを伝えていきます。ただ叱るだけでは選手はヘコむし、技術や戦術のことだけを言ったところで、選手がそれを受け入れる気持ちになっていない状態では結局、一日で忘れてしまう。

だからまず、自分はチームの中で大事な存在なんだと選手に理解させるように、僕は神経を使って説明するんです。

でも電話口に出てきた子は小さい声でボソボソと「はい……」なんて言ってるもんだから「お前なー、電話に出るときは明るい声で『こんばんは』って言うんだ!」ってまた説教がはじまっちゃう。その繰り返しで騙されながら、3年間が終わるんですよ(笑)。

——ひとりひとりのことを、すごく細かく見ていますよね。

僕はまず、新入部員が来たら、詳しくプロフィールを聞くんですよ。そういうところにも、プレーヤーとしての特徴や人としての性格が表れるものなので。

同じレギュラーの中にも、出来る選手、まあまあの選手、あまり出来ない選手というのがいる。そういう分類の中で僕は、叱り方や褒め方、接し方のパターンを決めています。個々のスキルと考え方とをトータルに考えて、いまの場面だったらこの選手にはもっと厳しく言ったほうが火をつけることが出来るな、といった判断をするんです。

蝿《はえ》が選手をやる気にさせる？

――モチベーションを上げる接し方を選択するんですね。

死ぬまで勉強しても、サッカーには「これが正解」と言えるものはないんだけど。正解に近い指導をしていても結果がともなわなかったら、結果としては不正解だし、継続的に勝っている監督に「その指導法は違うんじゃないか」と言えるかと言ったら言えないですよね。それもひとつのサッカーだから。逆にすごく良い練習をしていても、いつも3位とか4位とかにしかなれない指導を正解だと言えるかと考えたら、いや、優勝したほうが正解なんじゃないかと。

理屈で考えたら、正解の指導をすれば優勝できるはずなんだけど、それが出来ないということは、サッカー以外のところに原因がある。それが接し方の部分だと思うんです。やっぱり選手たちを闘う気持ちにさせないと。「もっと周りを見ろ、ボールを失うな」と言うよりも、自然と周りを見なきゃいけないような環境に、その選手を置いてあげることが大事だと思うんです。指導者が「周りを見ろ、頑張れ」と言わなくても、周囲を見ざるを得ない、頑張らざるを得ないという状況をつくってやるということ。

これはちょっと笑っちゃう話かもしれないけど。

トイレに行ったら、男子便器に蝿の絵が描いてある。場合によっては星のときもあるし、色が変わる仕掛けのときもある。男はそういうのを見ると、無意識のうちに当ててみようと思っちゃうんですね（笑）。

そういうのがないトイレには、正面のタイルに「一歩前に立ってください」とか「みんなのためにキレイに使いましょう」とかいった貼紙がある。それを見て、ああ、一歩前に行かなきゃと思わせるよりも、蝿の絵があったほうが、自然とそこに集中してしまう。

サッカーのトレーニングも同じなんです。ひとりひとりに、自然に目標達成に向かって夢中にさせる環境や頑張らざるを得ない状況を与えることが大事なんです。指導者が「頑張れ！」と押しつけるのではなくて。

選手に合うようなレベルの高いトレーニングをしても戦績がともなわないときには、サッカー的な問題もあるかもしれないし相手との関係もあるかもしれないけど、同レベルのチームとの対戦でならやっぱり良い練習をしたチームが勝たなきゃ理屈に合わない。なのに勝てない状況が繰り返されるということは、戦術やトレーニングの問題じゃない。それを遥かに超えた、闘うか闘わないかという、選手ひとりひとりの気持ちの影響が大きいんです。

——2011年のチームで特に印象的だったのが、切り札として小松立青くんを投入するタイミングでした。彼の精神状態まで見ながら判断していたんですよね。

あの子は男らしい性格で、ちょっと焦《じ》れさせて、それがピークになったタイミングでピッチに送り込むと、結構仕事が出来るんですよね（笑）。あとから入れたほうが燃える。だからベンチスタートのときは、試合展開を見守りながら同時に彼のアップする様子を見ているんです。２回戦の浦和東戦のときは燃えるのが早かったので、いつもより早いタイミングで投入しました。

――市立西宮戦で、キーマンの上野尊光くんが負傷しましたが、最後まで交代させませんでした。

あのときは神が逃げたかと思いました。ゲームメーカーが離脱しては、戦術遂行も難しい。でも、彼は本当に気持ちの強い選手なんです。足が腫れていて可哀想でしたが、絶対になんとかしてくれると信じていました。逆に、勝手に交代させると僕があとで怒られるんです。彼はすごいヤツなので（笑）。

「闘わせる力」を持ってこそ監督だ

――そんなふうに、戦術以外のところでもコントロールすることが大事だと。

選手たちに闘う気持ちを持たせることが出来る監督と、出来ない監督。最終的な勝敗は、そこで分かれると思います。だから試合前のロッカールームで、選手たちを闘う気持ちにさせるために、パフォーマンスをしてみせる監督もいますよね。

たとえばハンス・オフトが日本代表監督をしていたときの話。彼は毎回、試合前に自チームと相手チームの先発メンバーの名前を読み上げてから選手たちをピッチに送り出していた。それでアメリカW杯アジア最終予選の韓国戦だったと思うけど、当時の日本代表は韓国と相性が悪くて、苦手意識を持っていたんですね。その韓国代表との試合直前にメンバー表を読み上げるとき、相手選手の名前を最初は冷静に正確に読んでいたのを次第に早口になって、最後には顔を真っ赤にして「なんだこれは！」とかなんとか言ってメンバー表を破り捨てて足で踏みつけたという話を聞いたことがあります。相手にとっては失礼な話なんだけど、そういうパフォーマンスで選手たちの気持ちを鼓舞したんですね。

その結果、日本代表はなんと22試合ぶりに、韓国代表を無失点に抑えた。オフト・マジックが選手を奮い立たせたエピソードだと思います。

——御自身でもそういうパフォーマンスをするのですか。

第90回選手権のときは、ロッカールームではiPadでラテン音楽を流し続けました。リラックスさせてやる気にさせて、それで今日の試合に勝ったらずっとその音楽を流そうと計画していた。そしたら勝ったので、次の試合前のロッカールームでもそれを流したら、選手たちがそれを聴いてニコッと笑ったんですね。

イメージというのはトレーニングにおいてとても大事です。たとえば自分が昔、とてもつらかった時期やとても良かった時期にたくさん聴いた音楽があって、それが街を歩いていて不意にどこかから流れてきたら、たとえ三十年や四十年が経っていたとしても、一気に意識がタイムスリップして過去に戻ってしまう。そういえばああいうことがあったなあと。

繰り返し接したものは、無意識の中に残っている。スポーツ選手もそうなんです。勝ったときの音楽が流れてくると「あれ、これ昨日聴いた曲だ」と。で、僕が「そうだよ。

今日も勝つから同じ音楽だ」と言うと選手たちがニコッとする。それで勝って、また次の試合でも同じ音楽をかける。

それをやっていて、あとで気がついたんだけど、準決勝で国立競技場に行ったときはその音楽をかけてないんです。ベスト4の監督を集めた説明会やら何やらでバタバタして、忘れちゃったんですね。まあそれがすべてじゃないけど、それで負けたんだなと(笑)。

——効果テキメンじゃないですか。

視覚的に訴えることもしますよ。

試合前のウォーミングアップは天候や時間帯などを考えてコーチ陣に指示を出して任せ、僕はロッカールームで、ホワイトボードに全部書くんです。この試合でチームとしてやること、ひとりひとりがやること。色ペンを使って、選手たちがアップを終えてロッカールームに戻ってきたときの視覚効果を狙う。で、その最後に赤い太字で大きく「今日は絶対に良い勝利がある。みんなを信じて頑張ろう」とバーンと書く。メンタルに訴えるんです。

普通はボードを置いてコマを動かしながら、こうしてああしてと確認するのが、試合前のロッカールームでやることですよね。僕もそれはするんですが、それよりも選手ひとりひとりが、自分は今日は何をやって何を頑張るべきかということ、そしてチーム全体が何をするべきかということを、前もって書いておいたものを読ませながら説明していく。で、ホワイトボードをくるりと裏に引っくり返すと、そこには作戦を書き込んだピッチの絵が出てくるようにしておく。それも使って指示したあとで、最後にメンタル的なことを言って、選手たちを送り出すんです。

どんな指導者にも最終的にいちばん必要とされるのは、闘わせる力。それを持っている監督にならないと、本当の監督にはならないんじゃないかと思います。

準備しているから落ち着いてやれる

――2011年の浦和東戦では、ハーフタイムのミーティングを、ロッカールームではなくベンチ前で行ったんですよね。あれもユニークでした。

別にロッカールームに戻るのが面倒だったからじゃないですよ（笑）。あの試合は埼玉スタジアムでやったんですが、スタジアムの大きさや立派さに、選手たちはバスから降りるだけで歓声を上げていた。で、前半は会場の雰囲気にのまれていたんです。

それで、目でスタジアムに馴染ませようと思って、選手たちにそこに座れと言いました。相手チームのブラスバンドの演奏も続いていたし、指示をするにはあまり良い環境ではなかったんですが、もともとハーフタイムにはそんなに細かい戦術は伝えられませんからね。前もってやってきたことを再確認させるだけ。その準備は出来ていたので、とにかく選手たちを落ち着かせることを先決として、その場に座らせました。

そうして選手たちに「お前らの今のプレーはサッカー選手としてショボい。地味すぎる」と喝を入れたんです（笑）。

——翌日、同じ埼玉スタジアムで行われた3回戦の青森山田戦のハーフタイムもベンチでしたが、2日目になってもまだ慣れていなかったのですか。

あの試合は違います。少しでも長く指示をしたかったんです。ロッカールームへの移動の時間がもったいなかった。ベンチが意外と寒くなかったというのもありました。ロッカールームは暑いので、ピッチとの気温の差もコンディションに良くないと思ったので。

――ハーフタイムに効率的に指示を出すためには、事前の準備が大事だとおっしゃっていました。

相手がどういうふうに戦ってくるのかがわかっていれば、選手たちは落ち着いてプレーできるんです。だから試合前に相手をきちんとスカウティングする。

２０１１年の全国大会で勝ち進んだときもそうでしたよ。ひとつ勝ち上がったら、次の対戦相手の試合を、インターネットのダイジェスト動画で見て分析する。ほんの2分くらいの映像なんですが、その中で得られる情報から相手のやり方を読み取って、ストロングポイントとウィークポイントを見分けるんです。

——そんな短い動画から、読み取れるものなんですか。

最低限、誰がそのチームのキーマンかを見ます。大抵はゲームメーカーで、もっと簡単に言えば「上手い選手」。その選手がどういうふうに攻撃を組み立てているかを知るんです。

それでこちらはどういうふうに戦うかを決めて、選手たちに戦術ボードでシミュレーションします。続けざまに試合があるときは2時間半も練習します。でも、だからこそ選手たちは落ち着いていられるんですね。

トイレのドアは内向きにつけてはいけない

——その、戦術を落とし込むという部分なんですけど。選手たちにどこまで指示するかという匙《さじ》加減は、どのようにしているのですか。とくに育成年代では、監督があまり細かく指示したために選手たちの自主性が損なわれ、個々の判断力が育たなくなってしまったという話も、ときどき耳にします。

それは難しいところですよね。でも僕は、サッカーのやり方はしっかり教えたいと思っています。

このあいだ選手たちにも言ったことなんですが、「いいか、家の作り方にも決まりがあるだろう」と。トイレのドアを内側に開くようにつけたら便器に当たって中に入れないから、外向きに開くように作る。そうすると今度は必然的に、トイレのそばの部屋のドアは内側に開くように作らないといけない。どちらも外向きだと、トイレから出ようとしたときに隣のドアが開いていようものなら、ドアがドアに当たってトイレから出られなくなる。

僕が教えているのは、そういうことなんです。だから自分で勝手にドアをつけておいて「先生、トイレから出られんようになった。助けて」と言われても、僕は知りません。「ほれ見ろ、俺の言うことを聞かんからそうなるんや」と（笑）。

――組織的なものごとには決まりがあるということですね。

ええ。ただ同時に、選手たちがプレーしやすいようにもしてあげなきゃいけない。今度は服をつくることに喩えましょうか。全体のデザインは僕、つまり監督がやります。でも、ポケットをどの位置にいくつつけようかとか、襟のかたちをどのようにしようかとかは、着る人のニーズに合わせてあげることも必要になる。それも含めてのデザインですよね。それが監督の仕事なんじゃないかと思います。

戦術ボードの向きは縦か横か

――戦術を伝えるときに、いろんな喩え話をまじえて伝わりやすく工夫されていますね。

僕自身、音楽が好きでサックスを演奏する。プラモデルを作るのにもハマりましたし、ボクシングも好きだし車も好き。人と話をするときに、そういうことを引き合いに出したら興味を持ってもらいやすいし、話題が広がって、またそこから新しいイメージが生まれてきたりするじゃないですか。

でも、僕が音楽が好きでも相手が音楽を好きじゃなかったら、それはわかりあえる手段にはならない。共通言語にはなりえないんです。だから、コミュニケーションを取るときもサッカーと同じで、相手のことをよく見て、知る。理解する。それが大事です。

選手たちに話をするときも同じ。だからひとりひとりのことを、よく見るようにしています。

――相手の目線に立つことが大事だともおっしゃっていました。

自分がわかりやすいように話すのではなく、相手にわかりやすいように話すのが「伝える」ということですからね。

わかりやすい例を挙げると、戦術ボードの向きなんです。

僕たち指導者はテクニカルエリアからゲームを見ているから、ピッチは横向きに見えている。横向きに見た状態で、相手とのマッチアップを見て、考えていますよね。でも、プレー中の選手たちの視点に立てば、ピッチは縦向きなんです。自陣から相手陣地へと、前に前に攻めていく。敵は前からやってくる。

だから、戦術ボードは縦向きに置いたほうがいい。選手たちに実際のゲーム中のシーンをイメージさせやすいように、選手の視点に置き換えて説明するんです。

当たり前のことのようだけど、意外と気づかないことも多い。そのひと手間をかけることで、選手たちの理解がぐっとスムーズになったりするんですよ。

相手は高校生ですからね。楽しませながら理屈を教えていくほうが、吸収も早い。だからいろんな喩え話をまじえながら、ときには叱ったり笑わせたりして、集中力を維持するようにしています。

キャプテンは僕の頭でありハートであり声である

――キャプテンはどうやって決めているのですか。

よその学校では、責任感があって「あの子に任せれば頼りになる」と思える選手を監督が指名するケースが多いですね。あるいは選手たちに「誰がいいと思う？」と問いかけ、推薦させる。

それも良い方法だと思うけれど、僕は最初に「したい人は手を挙げて」と投げかけるんです。でもこういうとき、日本人の、特に現代の子供は、人前ではなかなか手を挙げない。だったら今日は家に帰って明日まで考えてみよう。現時点ではレギュラーでなくてもいいし、背が高かろうが低かろうが構わない。まず自分がやってみたいと思う人、キャプテンとして頑張ってみたいと思う人は、明日またこの時間に同じことを訊くから、そのときは手を挙げてほしいと。そうやって間を空けてやります。急に言ってもなかなか自分の意志を表明しないから、一夜明けて、手を挙げなさいと。

――それで、手は挙がるんですか。

うん。二人、三人は手を挙げる。でもその中から僕が指名すると、結局僕が選んだことになってしまうから、今度はその手を挙げたメンバーで話をしなさいと言う。それでそのうちの一人がキャプテンに決まったら、あとの一人二人に副キャプテンの役割を託して、三人体制でやってみなさいと。

ときには誰も希望者がいなくて仕方なく僕が決めるしかないときもあるし、お前らで決めなさいと言うときもあるけれども、やりたいという人がいるかぎりは、まず僕はその人に任せたい。能力があるかないかという偏見を持たず、とにかくやらせてみる。で、実際にやってみて、チームメイトたちが「アイツがキャプテンをやったら何か上手くいかないな」と、試合を通して感じることもあるわけですよ。そうなったら、じゃあまたお前らで話をしてみなさいと言って、僕もそれを見守る。

――そういった部分でも、ずいぶん自主性を要求するんですね。

そもそも彼らはキャプテンとは何をする人かということがわかっていない状態で、やりたくないと言ったりやりたいと言ったりする。キャプテンというのは怒られる人だと思っている子は、周りが上手く行かないときに責任を取らなきゃいけないからイヤだ、ボールやら何やらの備品を全部把握して準備しなくちゃならないから面倒くさいと言う。逆に、キャプテンは試合のときに腕章を巻き、コイントスやジャンケンで陣地を決め、号令をかけて挨拶させる人だと思っている選手は、キャプテンをやりたいと言う。なぜならカッコいいし目立つから。

でもキャプテンとはそういうものじゃない。キャプテンは大黒柱にならなきゃいけない。お兄さんみたいな存在だ。僕にとっては、もう一人の監督です。僕の気持ちがわかっていて、周りの選手の面倒を見れるような。腕章をつけてジャンケンする人じゃないんだよと。ピッチの中で、監督のメッセージが届かないところまで、僕の頭になり、僕のハートになり、僕の声になって、指示してもらいたい。チームを励まし、ハッパをかけてもらいたい。それがキャプテンなんです。

だから、この子はサッカーが上手いからとかこの子は性格がいいからとか言って僕が決めたところで、その子が優秀なキャプテンになれるわけじゃない。やっぱり自分がやりたいという人でないと。キャプテンは一体どういうことを優先的にしなくてはならないのかということを、僕があとから教えたほうが、良いキャプテンになれる。サッカーが上手いからキャプテンが出来るというわけではないんです。

ただ、競技的に微妙な側面もあって、野球の場合はキャプテンが試合に出ていなくてもいい。一塁や三塁で走塁コーチになって指示したりしている。でもサッカーは、ベンチに座っていてはキャプテンの役割を果たせないし、ルールの上でもピッチにはゲームキャプテンがいなくてはならない。なので、まったくサッカーが出来ない、試合に絡めそうな雰囲気もない選手にキャプテンを任せるのは、最終的には難しい話になるんです。

年度が変わったり新チームになったりしたプレシーズン、つまり大会に出る前の準備期間ならば、試合に出るか出ないかは関係ないんですけどね。みんなを楽しく活気づけて、良い感じでサッカーをやれる雰囲気に導いてくれる人にキャプテンを務めてほしい。もちろんその人がサッカーが上達してレギュラーになれば、シーズンがはじまってからもキャプテンを続けてもらう。だけど準備期間で何ヶ月かやってみて、彼は試合に出なさそうだということになった場合は、ルール上、試合のときには彼は副キャプテンということになってもらわなくてはいけません。そこは野球と違うところなんですね。

いま自分はどこからウサギを見ているか

――シーズンのあいだには、スランプに陥る時期もあります。そんな選手にはどう指導するのですか。

悪いところを修正できるように、粘り強く愛着をもった指導をします。……と、多くの指導者は答えると思うんですけど。

僕は伸び悩んだ選手には、プレーをさせません。休ませるんです。グラウンドのいちばん高い場所に座らせて、見ていなさいと言う。自分があの場面にいたらどうするか。あるいは自分が監督だったらあの選手にどういう指示を出してどう動かすか。ヘタクソでもいいから、選手と監督それぞれの立場で観察してみなさいと。悩まなくていいと。

そうして何日間か経つうちに、彼はボールを蹴りたくなる。そうなったときに、プレーさせる。「蹴りたくなったら言いなさい」と伝えておいて。

で、プレーさせるんだけど、結局、伸び悩むというのは、出来ないことがあるから伸び悩むんですね。詰まっているところがあるから、やる気をなくして落ち込んでいるわけで。そういう、出来ずに悩んでいる選手に対して、それを修正できるように、いくら根気強く指導しても、いくら愛着をもって優しい言葉をかけても、ハッパをかけても、出来ない子は出来ないんです。何故って、そこまでが限界なんです。

だから僕はそこに未練は持たない。違うところに目を移してしまう。じゃあこの子は何が出来るのかと。

――それが「個性を生かす」という話にもつながっていくんですね。

そうです。結局、スランプに陥る選手というのは、山があって、山の中に入ってしまったということなんですね。入ってしまったために、自分のもっと大きな目標や、自分が本来しなくてはならないことが見えなくなっている。山の中のウサギや花や木は見えるけれど、山全体のかたちが見えない。だから視野が狭くなって、問題点ばかり見すぎてしまう。そして行き詰まる。

そこで開拓して道を造って進めとは、僕は言いません。そんなことをしても、どんどん狭くなるので。一旦、山から離します。山から遠いところに立たせて、山を見ろと。そうするとその山は、山じゃなくて山脈になっていることに気づいたりする。何個の山が連なっているのか。左の山は高くて真ん中の山は低くて右の山は中間くらいで、あ、こういうかたちをしていたのか。そんな具合に山のかたちを感じると、もう一度そのあとで山の中に入ったときには、大体いま自分がどのあたりの位置に立ってウサギを見ているのかがわかる。左に行けばいちばん高い山にたどり着く。右はその次で真ん中は低い。それがつながって、全体はこのくらいの幅の山脈になっている。

そんな感じでいま自分がどこに立っているのかがわかれば、自ずと次のところに進んでいけると思うんですよ。ひたすら山の奥に入っていく人は遭難してしまう。山から離れてみれば、左に行けばいいか右に進めばいいかがわかるんです。実際の登山で道に迷ったとき、登りますか下りますか。

――登ります。

そう。高いところまで登れというでしょう。全体が見えるから。高いところにいるほうが救助しにきた人たちにも見つけてもらいやすいしね、手を振ったりなんかも出来るし。でも山の中にいたらどれだけ手を振っても見えませんから。つまり全体を見たいわけです。下っちゃいけない。潜るのはもっとダメ。

サッカーもそうなんです。困ったときは伸び悩む。試合のときも同じです。今日はなんだかプレーが上手くいかない。そこでどんどん潜り込んでしまう。なんで？　なんで？もっと頑張らなきゃ、もっと頑張らなきゃって。そんな状態になったら、もうその選手は監督から交代させられてしまいますよね。アイツ今日ダメだって。

3次元の目を働かせて全体を見る

――じゃあ試合中はどうやって立て直したらいいんですか。

そのときは、2次元の目から切り替えて、3次元の目を持つようなポジションを取らないといけない。

2次元の視野では重なって見えるものが、3次元、簡単に言うと空から見下ろすと、違う視野がひらける。スタジアムのスタンドの高い席、ロイヤルボックスとかあるでしょう、ああいうところからゲームを見ると非常にわかりやすいですよね。ああ、いまこのチームは右に偏ってる。相手がボールを左に運べば対応できないのに、相手は誰も気づいていない。そういうことが、上から見るとよくわかる。それが3次元の目です。

優れたプレーヤーは、2次元のポジションに立ちながら脳の中に3次元の目を持っている。良い選手になるためには、まず技術だけど、最終的に来るのはブレイン、つまり脳の発想なんです。脳の目なんです。視力で感じるだけでは良いサッカー選手にはなれない。観客が見て面白いプレーも出来ない。脳の目を持っている選手はクリエイティブで、見ていて面白いんですよね。

すごくクオリティーの高いチームの試合は、どこから誰が飛び込んでボールがどこに展開するか、予想がつかない。それは監督がかたちづくったものじゃないんです。監督のつくったかたちの上で、選手たちが3次元の目を持ってプレーしているからなんです。言葉に表したり目でサインを送ったりしなくても、頭の中で、あの選手がボールを持ったときは、左を向いていてもそのボールは右に来るだろうということがわかる信頼関係と想像力があるんじゃないかと思う。

だから選手が伸び悩んだときは、どうすればそれがなおるかということばかり考えるよりは、それはそれで一応置いておく。真ん中のプレーが上手く行かないときに、真ん中ばかり修正しようとしたら、真ん中も外も出来なくなってしまう。真ん中をいくらやってもダメなときは、目を真ん中から離し、後ろか最前線か両サイドかにアイデアを求めれば、自然に真ん中にもボールが回って、状況が改善されたりするんです。

人間として感謝している

――OBの選手たちに聞くと、「朴先生は本当に厳しかった」と（笑）。でもそう言いながら、先生のことをとても慕っていたのが伝わってくるんです。「感謝している」という言葉をたくさん聞きました。

それはとてもうれしいけれど、感謝したいのはこちらのほうですよ。僕はベンチから叫んで彼らを動かせばいいんですが、選手たちはピッチで、汗をかきながら体を張ってプレーしてくれる。続けざまに試合をこなさなくてはならない大会では、腰が痛かったり足が痛かったり、疲れていて夜もあまり眠れなかったりする。そんな状態で試合をしているうえに、ミスしたりすると僕が激昂《げきこう》するんですよね。練習のときも「こんなに何回も言ってるのに何故わからないんだ！」って怒ったりする。それに耐えて耐えて、彼らは僕についてきてくれる。

選手たちには、子供じゃなく、人間として感謝しています。ベンチにいるメンバーも含めて。

僕には子供がいないんですが、もしいたら、ウチのサッカー部の選手たちみたいだったらいいなと思っているくらいです（笑）。

Chapter 7　発想

地球上にない
フォーメーション

現代サッカーを予見していた？

――先生は選手だった頃、ポジションはどこだったんですか。

僕はサッカーをはじめた小学校4年生の頃から引退するまで、左ウイングしかやってないんですよ。右利きで、左ウイング。

――カットインしてたんですか。

そう。当時は右利きは右、左利きは左をやるのが普通だったんだけど、右利きの僕は左サイドをやったほうが、プレーの選択肢が増えてくると思った。たとえば利き足でシュート、パス、ドリブルが出来てプレーがスムーズになるし、縦に抜けるよりカットインしたほうが広い視野を確保できるから、左サイドをやらせてくださいと監督に頼んだんですよ。

現代では右利きは左、左利きは右でプレーすることが多いでしょう。何故かというと、利き足が最後に利いたほうがいいから。ウイングの役割も昔と現代とでは変わっていて、昔は突破して人に合わせる、人を生かす。いまは人を生かすことも出来るけど自分も点が取れるようでないと売れないんですね。

人を生かす、人に合わせるだけなら最後に使う足は利き足でなくてもいい。でも点を取るなら、最後に使うのは利き足のほうがいいんですよね。右利きの僕は左から切れ込んだほうが、右足で狙ってシュートできるわけです。ロッベンなんか、まさにその典型ですよね。

最近は両利きの選手が増えました。これからは左右どちらのサイドにいても両足を使えたほうが評価が高くなるでしょうね。

——指導者になったきっかけは。

僕は指導者になろうとしてなったわけじゃないんですよ。甥っ子がサッカーをしたいと言うので、僕の恩師が指導していた釜山商業高校のサッカー部に入れてもらったんです。それで恩師に「お前も手伝ってくれ」と言われて、なりゆきで僕もボランティアコーチになってしまった。甥っ子のせいなんです（笑）。

そこでサッカーを教えているあいだに、教えるのも面白いなと。当時は戦術なんかは知らなくて、ただスキルを教えるだけでしたが。戦術を勉強しはじめたのは日本に来てからです。

画期的だった3―3―3―1

――第80回選手権のときにやった3―3―3―1も話題になったんですよね。あの後はヨーロッパやJリーグなんかでも3―3―3―1を見るようになりましたが、当時は見たことがありませんでした。あれはどういう経緯で採用したんですか。

あれは大学生と練習試合をした経験から考え至った戦術でした。あの年の選手はみんな走るのが速くて、そのときも良い試合はしたんだけど、夏の暑さにやられ、途中で足が止まって負けてしまった。

そこで僕が考えたのが、それなら横の動きを少なくして、縦の関係だけでどんどん入れ替わりながら前に行けばバテないんじゃないかと。サイドバックがウイングをオーバーラップするというパターンだけでは、選択肢が一個しかないでしょう。でも3―3―3―1で3列つくったら選択肢がふたつに増えてくる。後ろが真ん中をオーバーラップしてボールを運び、真ん中も前をオーバーラップする。それで追い越された選手がステイすれば、ポジションが一個ずつずれて戻る距離も少なくて済む。そう考えたんです。

選手権でそれをやったとき、試合の解説をしていた人が「いままでいろんなサッカーを見てきたけど、こんなに面白かったのは初めてだ」と言ったらしくて。「でも後半まで体力が保ちますかね、保ったらすごいですね」と話していて、結局最後まで保ったんですよね。それで「面白かったよ」と励ましてもらったことがありました。

あのシステムのテーマは省エネで、合言葉は「1、2、3でシュート」でした。シュートが打てないならラストパス。奪ってから3回つないで4回目のタッチがフィニッシュになるように、というテーマで練習したんです。だからあの年は選手がボールをキープしたらよく怒っていましたね。

――周囲に例のないことをするというのは、とても難しい気がするんですが。

これは信じてもらえるかどうかわからないけど、僕は夢を見るんです。面白い練習方法なんかのアイデアを、夢の中から結構得ている。そういう夢を見たときは、夜中の3時だろうが4時だろうが、すぐに起きてメモを取ります。書かないと頭から消えてしまう。冬なんかに布団から出たくなくて朝でいいやと思って書かずにいたら、朝にはもう記憶がない。だから寝るときには必ず近くにペンとメモ帳を置いてあるんです。

――そういう夢って、何の前触れもなく見るんですか。

何もしないときはあまりないですね。何かしようとしたときに結構出てきます。何らかのことで悩んでいて、どういうふうにしようかと毎日毎日考え込んでいるときに、その答えが出てきたりするわけです。多分、夢で見るほど考えているから出てくるんでしょうね。自分では気づいていないんだけど考えすぎて行き詰まったときに、夢の中に自然に出てくるみたいです。こういう練習をしたらこんなかたちになるんじゃないかという感じで、最終的にフォーメーションに行きついたりもします。

地球上にないフォーメーション

――サッカーのスタイルも戦術も、時代とともにさまざまに変わりますよね。そういう情報をどのように取り入れているのですか。

昼休みなんかにｉＰａｄで自分のチームのトレーニング映像を見たり戦術ボードでコマを動かして確率を計算したりしながら考えます。相手のフォーメーションがこれだから、どこをどう攻めればいいか。ウチとマッチアップしたらどうなるか。ここにスペースが出来るとか、ここはどういうふうに消そうかとか、そういうことばかり考えている。同数になるところはあまり興味がなくて、いちばんリスクの高いところといちばんチャンスになるところを見るんです。

海外サッカーを見て、参考にしたり勉強したりもします。するけど、それをそのままやってみようというよりも、これがこうならここはこういうかたちにしたらどうかな、とか、まずはそこからはじまる。いろんなものを工夫したりミックスしたりしてみたら、何か変なものが出てきたりするじゃないですか。そして最終的にはいままでにないことをやってみようと。いつもそればかり考えてます。地球上にないフォーメーションをやってみたいなとか（笑）。

Chapter 8　証 言

朴英雄監督の肖像

盟友・吉武博文監督が見る朴英雄という指導者

２０１５年、元日本代表監督の岡田武史氏がオーナーを務めるＦＣ今治のメソッド事業本部長に就任し、翌年からトップチームを率いる吉武博文監督。２００９年から5年間、Ｕ―15／Ｕ―16／Ｕ―17日本代表チームを率い、ＡＦＣ・Ｕ―16選手権やＦＩＦＡ・Ｕ―17ワールドカップで実績を残したことでも広く知られる。

日本の最前線で育成年代の指導を牽引してきた吉武氏は、大分市生まれ。大分市立明野中学で数学教師を務める傍らサッカー部の指導にあたり、１９８５年には全国中学大会で優勝。92年から3年間、チェコ・プラハの日本人学校で教鞭を執り、帰国して朴英雄氏に出会った。

ともに大分で指導の現場に立った時期もあり、その後、舞台は異にしながら育成年代の指導についてラディカルに追求していく者同士、長きにわたり交流を深めてきた。

実践を糧に編み出された独自の指導哲学

プラハから帰ってきたとき、大分のサッカーの感じがずいぶん変わっていたんです。どうしたんだろうと思ったら、朴先生の指導が大分のサッカー全体を引っ張っていたんですね。

朴先生は大分のサッカーシーンを大きく変えてくれた人物だと思っています。大分高校サッカー部で、見ている人たちが面白くなるようなチームを次から次へと作ってくれた。高校生年代は選手権やインターハイといった露出度の高い部分を持ち、プロとはまた違ったかたちで12歳以下や15歳以下の子供たちの目標となります。そういった華やかな部分で、大分県の選手たちも全国レベルで結構やれるじゃないかという雰囲気にしてくださったのが、朴先生だと思っています。

サッカーのことになると何時間でもとめどなく話が出来る、貴重な友人です。サッカーには百人いれば百人の見え方があるんですが、朴先生はそのサッカーの見え方や切口も斬新で、人とは全然違うように見えているようなところがある。話を聞くと、「ああ、そういうふうに見えるんだ」「こういうふうに指導するんだ」と目からウロコが落ちるんです。実践的なことにしても、ただ教科書的なことではなく、実際の現場に則していて即実践できるような引き出しをたくさん持っている。それは知識として得たものではなく実践から得られたものであり、様々に勉強したなかで朴先生自身が編み出したものなので、言葉に説得力があるし、やっていることとも一致している。そういった点で、見習うべき指導者だと思っています。

型にはめるのではなく判断力を養う

朴先生はいろいろなシステムを使い分けていますが、決してシステムありきではない。言ってしまえばシステムなんて、数字の羅列に過ぎないですから。まず目指すサッカーがあり、それによってシステムを変えているんです。目指すサッカーは、選手によって変わります。まず選手がそこにいるんです。

吉武博文（よしたけ・ひろふみ）

1960年6月8日大分市生まれ。日本サッカー協会公認S級コーチ。

83年に大分大学を卒業後、中学の数学教師となり、85年、大分市立明野中学校サッカー部監督として全国中学校サッカー大会優勝を遂げる。当時の教え子に現・東京ヴェルディの永井秀樹選手や、横浜フリューゲルスなどで活躍し現在は解説者を務める三浦淳寛氏ら。

92～95年にチェコ・プラハの日本人学校にて教師を務め、帰国後は大分市・県のトレセンや大分トリニータU-15、ナショナルトレセンなどで指導にあたる。

05年、JFAエリートプログラムU-14で指導し06年にはU-18日本代表監督。JFAエリートプログラム監督とU-14日本選抜コーチを経て、09年から14年までU-15／U-16／U-17日本代表監督を務めた。

15年、FC今治のメソッド事業本部長となり、育成チームからトップチームまで一貫した「岡田メソッド」作成に着手。16年からは監督としてトップチームを率いている。

年度ごとに選手が入れ替わるなかで、多くの指導者は自分がやりたいサッカーに選手をはめてしまいがちなんですが、朴先生の場合は、そこにいる選手の実力や特性に合わせて「今回はこういうサッカーをしよう」と決めるところからスタートして、システムにたどりつきます。いろいろな選手のそれぞれの性質を見きわめた上で、カウンターだったりポゼッションだったり攻撃的サッカーだったりということを決めてから、いちばんしっくりくる配列を考える。その力が素晴らしいと、僕は思っています。

朴先生のシステムややり方が面白いと思って、型にはめて何かやってるんじゃないかとみなさん思っているんですけど、僕が見ている限り、まったくそんなことはないようです。何を練習しているかと言ったら、システム練習なんてほとんどしない。試合前には当然、3―3―3―1や4―3―3といったフォーメーションの確認もするんですが、多分それは1年間のうちで非常に少ない。

ではどんな練習をするかというと、判断する練習をしているんです。相手を見る練習、味方を見る練習、スペースを見る練習。そしてそれを実行するための技術練習。そういった個人を高める練習がほとんどで、型にはめる練習というのはすごく短い時間しかやっていないと思います。判断力を育てているから、いざシステムや戦術についての指示を出すと、選手は即座にそれに対応できるようになっているんですね。

大事なのはサッカーに立ち向かう心

いま、高校時代に朴先生の指導を受けた佐保昂兵衛がＦＣ今治でプレーしていますが、サッカーがすべてという生活のなかで、つねに前向きに取り組み、自分の特長を出そうとする姿勢も、高校時代に培ったものなんじゃないかと思います。

サッカーは突き詰めれば限りがない。朴先生は技術指導もするんですが、大事なのは「サッカーに立ち向かう心」。手を抜くことはサッカーにとって非常に危険なことだということ、いつでも一所懸命に１２０％で取り組むことが重要なことなんだということを、思春期後期に植えつけられてきたのを感じます。また、佐保は、リバウンドメンタリティーも持っている。何か落ち込むようなことがあっても、それに一喜一憂することなく自身の目標に向かっていくところも、高校生年代に培ったものでしょう。

もちろん、サッカーの技術や戦術的なことも教わってきたと思いますが、やはり最も大切な指導は、僕はこういった部分ではないかと思っています。

クラブチームを率い、あらためて考えるサッカーの本質

代表での活動は1年間のうち70日前後でした。70日の中でなんとかしようというレギュレーションだったけれど、現在はひとつのチームを1年間のスパンで見て、使っていける。だからそんなに急がなくてもいい。ただ、急がなくてもいいけれど、そんなに急激には変わらないというのも現状なんですよね。

16、17歳というのは成長著しい時期なので1年間でかなり変わるけれど、大人になるとなかなか目に見えて変化をきたすことはない。成長率は全然違います。だからと言って伸びないわけではないし、上手くなるためのノウハウについては、これからも毎日の練習で伝え続けていきますが。

代表だったら選手を替えればいい。チームとして求めることを出来ない選手がいれ

ば、日本国中から別の選手を選んで、どんどん替えることが出来る。でもクラブでは、毎日練習できるけれども、少なくとも1年間は、限られた30人の選手たちを替えることは出来ない。

そういう違いがあるなかで感じるのは、サッカーの本質はやはり変わらないということ。大事なことは育成年代でも大人でも同じ。いまある力で自分を最大限発揮するためには何が必要なのかを考えることです。

この喩えが適切かどうかちょっとわかりませんが、自転車の選手もいればエコカーの選手もいる。新幹線もバイクもトラックもいる。大事なのは「どれになるか」じゃなくて、どう運転するかなんです。ドライビングテクニックというか。自転車なのに100人乗せようとしていないか。新幹線なのにレールのないところを走ろうとしていないか。

それぞれどれも悪いわけじゃなくて、状況に応じてということなんです。たとえば震災があってガソリンがなく、渋滞しているとする。そのなかではやっぱり自転車のほうがいいでしょと。新幹線は動かないですから。そして道が渋滞していたら車よりもバイクのほうが隙間を縫って前に進める。でもバイクには2人しか乗れないし、雨が降ったら濡れてしまう。

　そんなふうにそれぞれに良いところと悪いところがあって、みんながみんなエコカーになろうとすることは間違っている。自転車の中でも素晴らしい自転車になろうとすることが大事であって。時刻表どおりに寸分の狂いもなく動く新幹線になろうとすることも大事で。だけど、新幹線なのにロケットになろうとするのは無理なわけで。

　だから、それぞれが最大限にポテンシャルを高めることはすごく大事なんだけれど、そのなかで、どう運転するかということを、もっともっと突き詰めなくてはならない。そこは大人だろうと子供だろうと代表だろうとクラブチームだろうと一緒で、それこそがサッカーの本質じゃないかというふうに、いま、あらためて感じています。

　いろんなタイプの選手を組み合わせることで組織としてのポテンシャルを最大限に引き出すことも、サッカーの醍醐味。それが上手いのが朴先生だと、僕は思っています。

恩師の下で指導者となった川崎元気監督

２０１１年から大分中学サッカー部で指導にあたる川崎元気監督。朴英雄氏がはじめて来日した１９９３年に大分市トレセンで指導を受け、その年に第11回京都招待中学サッカー大会で優勝したメンバーの一人でもあった。

その後、大分高校へと進学し、１９９７年春、卒業と同時に大分トリニティ(現・大分トリニータ)へと加入。地元クラブの創成期をアグレッシブなプレーで支え、ファンやサポーターの人気を集めた。

計6クラブを渡り歩いた末に、まだ契約を残していた２０１０年限りで現役を引退して指導者となることを決意。恩師の下で指導や戦術の極意を学びつつ、サッカー部も中高一貫体制を強化した母校にクオリティーの高い選手を送り込むべく、中学生たちの育成に心血を注いでいる。

はじめて指導を受けたときは新鮮だった

朴先生がはじめて来日したとき、僕も大分市トレセンで指導を受けたメンバーの一人です。僕はフォワードで、いま大分高校でコーチをやっている岡松克治と2トップを組んで大会にも出場し、全国優勝したんですよ。あのときのメンバーで、サッカー指導者になった者は他にもいます。

朴先生の指導は斬新でした。それまで経験したことのないトレーニングで、「すごく変わってるな」と。今となってみれば普通の感覚なんですけど、あの当時はびっくりしたものです。やはり目線が他の人とは違うんですね。「こういうトレーニングがあるのか」と、新鮮に取り組みました。

中学生だったので、技術面での指導も当然あったんですが、戦い方についても当時から言われていましたね。トレセンというのは言わば寄せ集めのチームですが、そのチームでどういった戦い方をしようということを、明確かつ的確に選手たちに伝えてくれる

川崎元気（かわさき・もとき）

1979 年 2 月 2 日大分市生まれ。
大分高校卒業後、大分トリニティ（現・大分トリニータ）でプロ生活をスタートし、ガンバ大阪、サガン鳥栖、アローズ北陸（カターレ富山の前身）、バンディオンセ神戸（現・バンディオンセ加古川）、V・ファーレン長崎でフォワードやミッドフィルダーとしてプレー。
2010 年限りで現役を引退し、大分中学サッカー部監督に就任した。

んです。そのときどういった戦い方をしたかという細かいことまでは、もうはっきりとは覚えてはいませんが、フォワードで出ていた自分もボールにさわれる機会が多かったので楽しくてたくさん試合に入りたかったのを覚えています。

恩師の下で指導者としてのキャリアをスタート

高校卒業後、プロとしていくつかのクラブでプレーし、V・ファーレン長崎でまだ契約を2年残していたんですが、朴先生から「帰って来い」と連絡があったんです。もともと育成指導に興味があったし、やはり地元で心強いということもあり、大分中学でサッカー部の指導に携わることに決めました。

あらためて自分が指導者になってみても、朴先生の戦術眼に関してはまったく頭が上がりませんね。見る力が本当にすごいと思います。サッカーは全体を見なくてはダメだから、ボールのないところを徹底して見なさいということをはじめ、戦術の中でどうプレーさせるか、どう指導するかといったことも的確に言われる。そういったあたりは僕が先生の下でプレーしていた当時よりも、さらに幅を広げていると感じます。

僕が中学生たちに最も強調して指導するのも、判断の部分です。そこさえしっかりしていれば、どんなサッカーにも対応できる選手が育つ。僕自身もそういう選手を育てたいし、先生からもそういうふうに言われます。

いま僕はチームでパスワークを中心にやっているんですが、「もっと自由にドリブルさせてもいいんじゃないか」とアドバイスをいただくこともありますね。最後に個のところで勝てる選手を育てることも大事だということは僕も感じています。中学から高校へ上がるときにしっかりした土台をつくっておきたいんですよね。朴先生もそういう意味で、中学時代はまずは個人の育成を優先してくださいと言ってくれます。

勝つことの難しさは朴先生から教わった

守備に関しては、プレッシャーの掛け方やポジショニング、カバーリングの仕方など、中学のときからしっかりと戦術を浸透させます。朴先生の戦術は本当に細かいので、ボードを使って話しているのを見るだけでも勉強になりますね。

攻撃に関しては比較的自由にやらせているなかで、ポゼッションする技術を高めるとともに、前に早く運べるスピード感とゴールをこじ開けるパワーを持つことが、これからは大事になってきます。

朴先生はいまはやさしく指導しているから意外かもしれませんが、昔はとても厳しかったんですよ。だからいまだに先生から電話がかかるだけで自然と気をつけの姿勢になっている（笑）。体に植えつけられた規律が出てしまうんですね。

僕自身も選手を指導する立場になりましたが、監督というよりはコーチという感じで、挨拶などの基本的な規律は徹底しますが、中学生と同じ高さの目線に立つようにしています。成長期の前で、いろいろと相談に乗ってあげることも必要だろうと思いますしね。

プロ生活においてもたくさんの経験をしてきましたが、勝つのがどれだけ難しいかということとても大事なことは、朴先生に教わったと思っています。

高校時代の経験に支えられている佐保昂兵衛の活躍

第90回選手権大会での活躍を評価されて日本高校選抜メンバーに選ばれ、NEXT GENERATION MATCH出場、ベリンツォーナ国際ユースサッカー大会参加。大分県別府市でキャンプ中の名古屋グランパスとのトレーニングマッチで得点し、当時監督だったドラガン・ストイコビッチに褒められたこともあった。

高校時代から卓抜したサッカーセンスと高いポテンシャルで注目された佐保昂兵衛は、卒業後、九州産業大に進み、2016年春にFC今治に加入。オーナー・岡田武史氏と監督・吉武博文氏に牽引され、いわば日本サッカーの最先端を切りひらこうとしているチームで、ルーキーイヤーからレギュラーとして活躍中だ。

自信を持ってプレーし、負ける気がしなかった

2011年選手権のことは忘れられないですね。初戦の北陸高校戦は、いま思い出してもすごかったなと。あの試合中は何をやっても成功する気しかしませんでした。個人的にも前半立ち上がり、コーナー付近でキープしてから相手を抜いたとき、あ、今日は行ける、と感じました。

2戦目からは相手も自分たちを研究してくるようになって、楽には勝てなくなりましたけど。

敗れた準決勝の市立船橋戦はタカミツ（上野尊光）がケガで出られなくて、アイツの存在の大きさをあらためて感じた試合でした。アイツがいたら優勝できていたかもしれない。タカミツがいちばん悔しがっていました。

あとになって「縦ポンサッカー」なんてからかわれていたのも知ったけど、わかってないなと（笑）。

佐保昂兵衛（さほ・こうへい）

1993年12月22日大分市生まれ。

大分市立明野東小学校の少年団でボールを蹴りはじめ、中学時代はTOYO FCでプレーし大分市トレセンメンバーに選ばれる。高校時代に大分県代表、九州代表として国体出場。第90回高校サッカー選手権大会でベスト4進出。

九州産業大4年時、第64回インカレ出場。

2016年よりFC今治に加入。持ち前のスピードとサッカーセンスを生かし、主力としてチームの勝利に貢献している。

いまあの大会の試合映像を見返してみても、自分たちの狙いがハマったシーンでは、相手が全くついて来れていないのが見て取れます。朴先生は選手権では、トーナメントのレギュレーションを前提にして勝つサッカーを究めていたし、実際に僕たちはそれで勝ってきましたからね。やるべきことがはっきりしていて、自信を持ってプレーしているときは負ける気がしなかった。本当に、タカミツがケガするまでは。

高校時代に戦術の意味を学んだからこそ現在がある

中学時代は近所でちょっと名が知れているといった程度だった僕のステップアップがはじまったのが、高校時代でした。高1で国体の大分県選抜メンバーに選ばれ、高2では九州選抜。高3の選手権でベスト4に入ったことで高校選抜に選ばれ、ベリンツォーナにも行けた。

ステップアップの実感を得るたびに自然と「もっとやらなきゃ」と思う、その繰り返しが現在につながっています。「こうすれば上に行ける」と考えたわけではなく、ただシンプルに負けず嫌いだった。

そういう環境を与えてもらえたことに、本当に感謝しています。先日も高校の夢を見ました。何かの大会の前に一人きりで教室にこもって1週間ひたすら勉強して、それでグラウンドに行ったら「やっと帰ってきた！」とみんなに大歓迎されるというシュールな夢でしたけど（笑）。

関東の大学も選択肢にあったけど、朴先生が九州産業大への進学を勧めてくださったおかげで、FC今治との縁も生まれました。大学の山本裕司監督が岡田さんと同期だったつながりからFC今治に練習参加させてもらい、「サッカーに対する意識が高い」と評価されてオファーをいただいて。FC今治はカテゴリーこそ地域リーグですが、一からしっかりサッカーに取り組んで上を目指していけそうだと感じて、僕もこのチームでプレーすることを決めたんです。

FC今治の前線からの守備はアグレッシブです。「アプローチ」ではなく「ハント」という表現を使います。プレッシャーをかけるのではなく奪い切る意識を持てと。そういうところは高校時代と共通していますね。簡単にあきらめることをしない、そこも似ています。

岡田さんと吉武監督が中心になってスタッフ全員で戦術的なことを考えているようですが、用語を含め、新しいサッカーの概念を生み出していくような要素が満載です。スタッフが決めるだけでなく、選手同士でも新しい言葉を生み出すんです。このクラブは日本のサッカーを変えていこうとしている。そのスタート時期に関わっているというのは、すごいことですよね。

いまは新しい要素がどんどん頭に入ってきていて、試合中に考えることもこれまでとは全く違っていますが、やはりベースになっているのは高校でのサッカー経験です。毎年、その年ごとのサッカーをやってきたなかで、しっかり戦術の意味を学んだからこそ、現在の戦術も頭に入ってきやすいんだと思います。

先生の目を盗んでしるしをつけていた（笑）

朴先生の引き出しの多さはレベル違いで、だから選手を見てサッカースタイルを決めることが出来るんです。いろんなポジションにコンバートしながらひとりひとりの能力を見きわめ、その選手が最も力を発揮できる場を見つけて配置する。その段階を経て僕ら選手も対応力がついていくんです。

戦術練習は本当に高度で、とくに守備のポジショニングは細かかった。「え、嘘やろ？」って言いたくなるくらい全部のポジションを頭に入れていて、攻撃から守備に切り替わったときに戻る場所を「一歩左」とか「一歩後ろ」とかいったレベルまで指示するんです。僕たちは最初のうちは訳がわからないから、土のグラウンドなのをいいことに、先生の目を盗んでスパイクでぐりぐり地面を掘って立ち位置のしるしをつけておいて、戻ったらそのしるしを踏んでさりげなく隠してたんですけど、バレていたかもしれません(笑)。

あるときフィジカルトレーニングで走っていて、自転車でついてきていた先生が「この一周でいちばん早かったヤツは次の一周で自転車に乗ってもいいぞー」と言ったので、僕はどんな手段を使っても、意地でも自転車に乗ってやると思った。それでわざとキツそうなふりをしながら最後まで体力を温存して、最後の最後でダッシュしてみんなを抜き、自転車権を勝ち取ったんです。敵をあざむくプレーというのも、そういった中で自然と身についたんでしょうか（笑）。

そういえば大学時代も、試合中にそばにいる相手に「キツいねー、もう走れないねー」と話しかけておいて、チャンスになった瞬間に一気に置き去りにしたことがあります。その相手とは前年にもマッチアップして同じ手を使っていたので「またお前かー！」と言いながら追いかけられました（笑）。

そんな僕のことも、朴先生はいつもよく見ていてくれました。もう内容も覚えてないんだけど、ちょっとサッカー的に考え込んでいたときに「なにか悩んでるのか」って電話をかけてくれたことがあって。こっちは電話なのに気をつけの姿勢になって「いえ、大丈夫です」って言いながら、結局「実は……」って話してしまう。アドバイスをもらってすごく楽になって、本来の調子を取り戻した記憶があります。

これからもサッカー人生にはさまざまな岐路があると思うけど、まずはFC今治で、このクラブがやろうとしていることの土台づくりに貢献したい。チームのスタイルを確立させて、行ける限り上のカテゴリーに昇格し、あとに続く人たちにバトンを渡したいと思っています。このような注目されるチームで実力を磨き、プロとしてステップアップしていくことが、朴先生をはじめ僕を導いてくださった方々や両親への恩返しですね。

エピローグ――サッカーで一番大切な「あたりまえ」のこと

どれだけの日々を費やしただろう。

片や高校の授業とサッカー部の指導の合間に。片やJリーグクラブの番記者という毎日の務めをこなしながら。それぞれの時間を捻り出し、寸暇を惜しんで頭を突き合わせては、終着点の見えないサッカー問答は繰り返された。

ふたりとも止めどなく前進する質だから、つい真剣になりすぎて、際限なく深みにはまっていく。サッカーの奥深い森をどんどん掻き分けて進み、しばしば脇の小径に逸れ、あるときは足元に咲く小さな花を虫眼鏡で観察し、またあるときには落ちていた小石を拾い上げて成分を調べと、微に入り細にわたって分析に時間を割いてしまう。

「この選手はここにいる。こちらの選手はここにいてこっちに抜けるのを狙っている。ボールはここにあるけど、こちら側はすでにコースを切られている。さあ、じゃあこの選手はどこに立てばいい？」

油断していると、突然そんな難問をぶつけられる。授業中にぼんやりしていて指された生徒みたいだ。

「ええと……一般的に考えればここですけど、でもそれは違うんですよね？」

「うん。違う」

ニヤニヤして答えを教えてくれない彼を前に、これまでに身につけてきた知識を脳のすみずみまでめぐらせて考えてみても、浮かんでくるのは所詮「一般的な最適解」に過ぎない。ええい、ままよと思いながら「ここにこう当ててこう走ります！」と、どう見ても人間工学的に不可能な動きを、戦術ボードのコマに託して答え、答えながら自分でも笑ってしまう。彼も噴き出す。

わかっていたつもりのことが、実はわかっていなかった。

そんな気づきの瞬間が、幾度もあった。数学の公式を当てはめて試験問題を解けてはいたけれど、公式が成立する理屈は理解していなかったと気づくように、サッカーのセオリーの「意味」をあらためて描き出してくれる彼の話に、わたしは視野を新たにしながら聞き入った。

あまりに濃密で酸欠状態に陥りそうな空気を少しでもリラックスさせようと考えてか、彼はいつもわたしのために、コーヒーや甘いものを用意して待っていてくれた。あるときは昼下がりのカフェで、一個のドーナツを分け合いながら。あるときは休日の部室で、お弁当をつつきつつ。待ち合わせ時刻を過ぎて今日は遅いなと思っていたら、途中でコンビニに寄ってお菓子を買ってきてくれたこともあった。

さまざまに語り合った場所の中でわたしが格別に好きだったのは、ブラスバンド部の練習が聴こえてくる放課後の高校の音楽棟だ。何度も同じ箇所でつっかかえるユーフォニアムやクラリネットの音に包まれて、窓の外が暗くなるまで、戦術のメカニズムや人と人との駆け引きについての話を聞くのは、実に豊穣で素晴らしい時間だった。

書籍の企画がスタートして以来、四年が過ぎていた。

ようやく全体の構成が見えてきたという時期に、イングランド・プレミアリーグでレスター・シティFCの優勝が決まった。スター選手が数多く活躍するプレミアリーグに籍を置く20チーム中で、レスターに所属する選手の市場価値総額は19位。今季も残留争いは避けられないだろうという前評判を、鮮やかに裏切っての快挙だった。

世界のニュースがそれを「奇跡」と讃えるなかで、わたしは２０１１年のメンバーだった梶谷充斗の父とカフェでアイスキャラメルラテを飲みながら言い合った。

「なんか既視感ありますよねー」

「そうそう。ウチの周りではみんな五年前に見たことがあるって言ってるわ」

ブラジルW杯の少し前あたりから〝イタコー〟の時代が来たと思ってたんですよねー、ブームが来る前に時代を先取りしすぎましたねーなどと二人で軽口を叩いて笑っている横で、指揮官はもう次のことを考えている。やがては「僕は地球上に存在しないフォーメーションを考えだしたいんだ」などと言い出すので、わたしたちはそんなお茶の時間が楽しくて仕方ない。

なにをしていてもその原理はすべてサッカーへと収斂《しゅうれん》されていくのだろう。

高校の音楽棟に彼を訪ねたある日の午後。約束の時刻に少し遅刻して到着すると、玄関にもいつもの部屋にも彼の姿がない。ぽろんぽろんとどこからかギターの音が響く廊下を息を殺しながら戻っていくと、ギターの音が止んで「おーい」と声をかけられた。待ちくたびれた人は玄関脇の事務室でギターを爪弾いていたのだった。

「最近よく練習してるんや」

そう言って少しだけ弾いてみせてくれながら、話はサッカーのことへとリンクしていく。

「楽譜があって、クラシックは楽譜どおりに正確に演奏されていく。ジャズは全体のカウントが合っていれば、その中で演奏する人が自由にアレンジできる。サッカーと同じでしょ。同じ4―4―2というフォーメーションでも、そのかたちでどういうサッカーをするかはチームによって違うんだから」

そんな話になるうちにギターはケースに仕舞われて、いつもの戦術講義がはじまる。

あ、ギター弾いてるとこ写真撮っとけばよかった、と気づいてもあとの祭りだ、車の話をしても、ボクシングの話をしても、関心を持つもののすべてにおいて認識したことがサッカーの話につながっていく。まるでサッカーの理論が宇宙の理であるかのように。

この本をつくるにあたり、幾度もインタビューを重ねるなかで、今日はポジショニングの話、また今日は組織編成の話と、内容は毎回、細分化していた。脱線すれば脱線するままに敢えて続けた話を、最終的にどう統合しようかと逡巡しながら聞き進めたものだ。

帰宅してノートに取ったメモをまとめ、全体の流れを組み立てていく段階になって初めて、その細分化されたパーツが見事にひとつにまとまっていくことに気づく。人形の指を組み立て、腕の関節をはめ込み、胴体でつなげて全身の姿が見えたとき、それぞれのパーツがシナプスでつながり人体となって命を宿すように、ピッチ全体で見渡す戦術もまた、生き生きと姿を現したのだ。

その成り立ちの段階は、まさに彼のチームづくりと同じだった。個の技術を磨き、局面での対応を徹底し、最後に全体を組み合わせて組織を機能させていく。

そこにあるものの意味や意義や、仕組みを考えるということ。その作業の繰り返しが、ものごとの本質や真髄へとたどり着く道であることに、彼の仕事は気づかせてくれる。サッカーの指導も文筆業も根気強さが求められるなかで、きっとそれは何事にも共通することなのだろう。そんなことを思いながら、また日々の業務へと戻っていく。

大分高校はいま、選手権に向けてトレーニングに励んでいる。彼の下では、彼が来日後に初めて大分市トレセンU—15チームを率いて全国大会制覇を成し遂げたときのメンバーだった岡松克治が、コーチとして指導に当たる。

画期的な3—3—3—1システムで全国ベスト8にまで駆け上がった第80回選手権大会出場時のエース・内村圭宏は現在、北海道コンサドーレ札幌で活躍中。その同級生の神崎大輔はV・ファーレン長崎でプレーしている。

2011年のメンバーでは今季から大卒ルーキーとして、佐保昂兵衛がFC今治で、梶谷充斗がヴェルスパ大分で、それぞれレギュラーに食い込んでいる。上野尊光と小松立青は専門学校を出て消防士となった。

２０１６年春に卒業した佐藤碧は桃山学院大へと進学し、関西大学リーグでその才を発揮しようと頑張っている。

選手権が終わったら今度は来年度に向けて新人戦がはじまる。やはり市トレセンＵ－15の優勝メンバーだった川崎元気が監督となった大分中学サッカー部から上がってくる新入部員も加え、来年はどんなサッカーを見せてくれるのかが早くも楽しみだ。

グラウンドでは選手たちがコーチの指導の下でトレーニングに励んでいる。彼はわたしのそばに来て、一緒に紅白戦を見てくれた。

「いまボールを持ったあの子のあのパス、どう思う？」

「このゲームの中で何か気になったことはなかった？」

一介のサッカーライターにまで新しい視点を求めて質問する。かと思えばいきなり椅子から立ち上がって「こら！　鼻ほじってる場合じゃないぞ！　ちゃんとポジションを取らないか！」と、ボールの逆サイドで動きを止めていた選手に向かって叫んだりする。

「先生、また来ます」

その甲高い声で繰り出される愛あふれる叱咤ぶりに笑いを噛み殺しながら立ち上がると、彼は「ちょっと待って。これを持って帰って」と、両手にいっぱいのお菓子を差し出してくれるのだ。

「またいつでも来てください。サッカーの話をしましょう」

「地球上にないフォーメーションを考えつきそうになったら、真っ先に連絡してくださいよ」

選手たちが集まって挨拶してくれるグラウンドをぶらぶらと後にしながら、わたしは暮れてゆく空の下、「あたりまえのこと」について考える。

朴 英雄（パク・ヨンウン）
1960年6月12日韓国大邱(テグ)出身。韓国高校サッカー常備軍メンバー選出、嶺南大学体育教育学部卒。1992年、大分市サッカー協会に招聘されて大分市トレセンチームを率い、第11回京都招待中学サッカー大会で優勝。翌年から大分高等学校サッカー部の指導に携わる。1996年、第3回FBS杯高校サッカーチャンピオン大会で市立船橋高校を下し優勝。全国高校サッカー選手権全国大会8回出場、うち2001年度大会ベスト8、2011年度大会3位。インターハイ全国大会出場8回。韓国陸軍将校の経歴や独自のサッカー観と指導理念から「異色の監督」と呼ばれ、選手のポテンシャルを最大限に引き出すことに定評がある。

ひぐらし ひなつ
大分県中津市出身。サッカーライター。育成年代からトップまで幅広く取材。JリーグDivision3・大分トリニータのオフィシャルメディアに執筆、サッカー専門新聞「EL GOLAZO」大分担当。著書『大分から世界へ～大分トリニータ・ユースの挑戦』など。

装幀　ゴトウアキヒロ
写真提供　ひぐらしひなつ・FC今治・ネキスト
本文図版　ひぐらしひなつ＋編集部

サッカーで一番大切な「あたりまえ」のこと

発行日　　2016年7月10日　第1刷
著　者　　朴　英雄
構成・執筆　ひぐらしひなつ
発行者　　清田名人
発行所　　株式会社内外出版社
〒110-8578 東京都台東区4-19-9
電話　03-3833-2565　（販売部）
電話　03-3833-2571　（企画部）
http://www.naigai-p.co.jp/
印刷・製本　近代美術株式会社

ISBN 978-4-86257-254-7　C0075